怎么说，
孩子才会思考

[日] 狩野未希◎著　朱曼青◎译

「自分で考える力」
が育つ 親子の対話術

Ⓢ 四川科学技术出版社

前言

最近越来越多的家长说，想让孩子获得思考能力，但是不知道怎样做。

思考能力是什么呢？

是仔细考虑的能力——并非一味听从别人口中的正确答案，而是独立思考，自己得出答案的能力。我认为，这就是思考能力。

思考能力自然可以通过伏案学习获得。但是，我向来主张思考能力是在日常生活中培养出来的。

思考是一种习惯。它不像骑自行车，一旦掌握技巧，无论闲置多久，都能驾驭自如。只有在平时习惯思考，才能在遇到突发状况时沉下心来，认真思考。

孩子们的日常生活场景就是提升思考能力的宝藏。

比如，孩子问"为什么不能这样做呢？""为什么是这样？"的时候，和朋友吵架的时候，说不想练习的时候，失败的时候，无法好好表达心情的时候，在运动会等大型活动前焦虑不安的时候……这些都是提升思考能力的大好时机。

在日常生活中怎样发问可以提升孩子的思考能力呢？这本书为大家总结了各种方法，主要面向3～12岁的孩子。

20年来，我一直在大学指导大家如何思考，然后我明白了一件事，那就是进入大学以后再培养思考能力太迟了。现在，有很多学生表示，真想在孩提时代就习得思考能力。

我想让所有的孩子都感受到思考的乐趣。抱着这样的想法，我于2011年发起了面向小学生的"思考课堂"。现在，我仍在向家长、幼儿园和小学的教师们传授提升孩子思考能力的方法。

我本人非常喜欢思考，平时在家里也每天与两个孩子一同思考。我从与孩子的对话，以及与小学生们的对话中归纳了有效提升思考能力的方法。并且，我在这本书中归纳的内容全都是我想推荐给大家的方法。

为了帮助孩子习得思考能力，大人也需要提升自己的思考能力。这本书不但能锻炼孩子的思考能力，对大人也大有裨益。

我认为，大家当下十分关注思考能力主要是受时代背景（即全球化和世界急剧变化）的影响。但实际上，思考能力本应是最普遍、每个人都必须具备的能力。

我教过的一名小学生曾说："思考可以让我变得自信。我发现原来自己可以这样思考，我真棒！而且因为是自己努力思考得出的观点，所以我可以自信地表达出来。"

学会思考有利于培养自信。如果得知对方也和自己有一样的想法，就容易产生共鸣。如果拥有思考能力，就能认真审视自己，运用知识回答那些没有正解的问题。自信、体贴、正视感情、运用知识、解决问题……这些都是我们活在世上必不可少的能力。

我刚才提到思考是一种习惯，如果想让孩子养成某种习惯，那么家庭绝对是最好的学校。大家身上的绝大多数习惯都是在家里习得的。那些在家里与父母一同思考的孩子，他们的成长方式是不同的。

"我认为是这样的" "真有趣！爸爸妈妈认为是这样的"——如果每天能重复这样的对话，那么不仅能提升孩子的思考能力，还能锻炼其表达能力。何不尝试将与孩子每天的交流变为一同享受思考呢？

狩野未希

目录

第1章　**回答孩子提问的方法**

第2章　**比表扬更重要的是"对话的习惯"**

第4章 **培养孩子"思考"时不能责骂孩子**

第5章　走近烦恼中的孩子的对话技巧

对于孩子们的吵架，你是否总是用"和好吧"来了结？ / 118

第6章 每天的日常对话，可以让孩子发生这样的改变

回答孩子提问的方法

被孩子提问后，必须好好回答。
你也这么认为吧？

假设某天你和孩子一起去附近的超市，你手上拎着常用的环保袋。你对环保很上心，所以总是带着这个环保袋外出。于是，你们家小学一年级的孩子就问："你为什么购物的时候总是带着那个袋子呢？"这时你会如何回答呢？

请合上本书，尝试思考一下。

比如，你会这样回答：

"这叫作环保袋，是为了把肉和蔬菜装回家的。如果没有这个袋子的话，就得用超市的一次性塑料袋，对吧？塑料袋拿回家最后只能扔掉，就成了垃圾。但是这个环保袋是可以不用丢弃，一直使用的。这样的话，垃圾就会减少。垃圾减少了，对地球有害的物质就会减少。对地球有害的物质减少了，地球就会很开心。所以我是为了保护地球而使用这个环保袋。明白了吗？"

很棒的回答。为什么环保袋可以保护地球，你讲解得十分细致、清晰，即使很小的孩子也能听懂。

但是，如果想要锻炼孩子的思考能力，这种滔滔不绝的回答方法是不妥的。因为这样的回答剥夺了孩子独立思考的机会。

孩子能否提升思考能力，最关键的其实不在于学校，也不在于老师，而在于家长。家长的一个回答，既能让孩子思考能力的萌芽茁壮生长，也能令其枯萎。

那么，家长应该如何回答呢？为什么家长的角色至关重要呢？思考能力说到底究竟是什么呢？

我将在本章为大家细细道来。

何谓思考能力

思考能力是指用自己的大脑认真思考的能力。也就是说，拥有思考能力的人，并非一味听从别人口中的正确答案，而是独立思考，拿出自己满意的答案。

假设有一道智力问答题：左边的车与右边的车有什么不同，正解是"乘坐的人数不同"。但是，大家也一定认为答案还可以是"左边的车有四角，右边的车感觉要圆一些""前窗玻璃的大小不同"等。

听到正确答案时，如果你觉得正确答案是"乘坐的人数不同"，所以"前窗玻璃的大小不同"的回答错了，那么你所处的状态就是听从所谓的正确答案，丧失了自己的思考。

左边的车和右边的车有什么不同

许多情形就像这道智力问答题。虽然有各种各样合理的答案，但很多人只认同给出的正确答案。

如果正确答案和自己的回答不一样，那就再一次审视自己的回答，深入思考为什么能这么说，这就是独立思考。

当然，虽说要独立思考，独立作答，但是也没必要故意和别人回答得不同。

思考能力最重要的，不是拿出原创性回答，而是得出自己认同的答案。因此，如何思考是关键。

如何思考有3个关键点：1. 认真了解。2. 思考原因。3. 深入思考是否有其他的思考方式。

思考能力的关键点1：认真了解

所谓独立思考，就是对于某件事或某个人持有自己的意见。为此，首先必须得认真了解那件事或那个人。哈佛大学的某教育课程也指出，"了解"是提升思考能力的前提。

比如问孩子新老师怎么样，如果孩子不太了解那位老师的情况，就不可能通过思考对那位老师做出评价。无论擅长与否，没有素材，自然无法思考。意见，本就是在真正了解了某件事或某个人之后才能形成的。

但是，我们也总是对不甚了解的人和事发表意见。为了独立思考，拿出自己的见解，首先必须认真了解思考的对象。

思考能力的关键点2：思考原因

"为什么能这么说？""为什么这么想？"如此发问，然后思考原因。这个过程为何十分重要？

假设，问A："别人帮助了你以后，一定要说谢谢吗？"然后A答道："是的，必须要说。"

如果A的回答是我妈妈总是让我说谢谢，所以我一定会说，这就不算独立思考。但是，如果A的想法是"如果我帮助了谁，但没有被表达感谢的话，我就会很失落。而我不想让帮助我的人也陷入这种失落"，这就是独立思考。

世界上有许多理由模糊的意见，比如学校的老师经常说书包上不能挂钥匙链。但是为什么不能挂，说明理由和不说明理由，这对于孩子和家长来说效果完全不一样。

如果不说明理由，孩子不会明白为什么不准挂钥匙链。但并非只要说明理由就行。即使向孩子灌输"不行就是不行""因为是学校的规定"这种理由，孩子也不会认可，反而还会产生新的疑问：为什么不行？为什么一定要做这种规定？但是，如果能进行一些说明，比如说，以前，因为一个很受欢迎的人偶钥匙链，这所学校的学生之间发生了一些纠纷。所以为了防止类似的事件再次发生，学校禁止在书包上挂钥匙链等小物件。这对孩子来说，说服力要强得多。

某个意见能否具有说服力，就在于能否说清为什么能这么说，为什么这么想。

思考能力的关键点3：深入思考是否有其他的思考方式

假设小B决定周日要去公园玩，但是当天却下起了大雨。小B觉得今天不能玩了而十分沮丧。此时如果他产生了"不能去公园玩了，那么今天就玩不成了"这样的想法，那是因为他将"去公园玩"作为"周日去哪儿玩儿"这个设问的唯一正确的答案。

但是，何不尝试着脱离正确答案，转变一下思考方式呢？比如，不能去公园玩真遗憾，但是去不了公园也可以去别的地方玩耍。有没有哪里是下雨也可以玩的呢？脱离正确答案，转变思考方式，其实换言之，就是独立思考，得出自己的答案。

孩子对于最先想到的做法，或是被认为理所当然的做法（比如周日去公园玩），有比大人更深的执念。一旦得知原本的想法无法实现，他们更容易固执地认为"完了""没有别的选择了"，他们会把自己习惯或熟悉的做法认为是唯一正确的答案。但是如果他们有一定的思考能力，就能够克服这个毛病。

读到这里，也许你也发现了，思考并不只是为了学习。甚至可以说，锻炼思考能力是为了每天的日常生活。

对于学习这件事，只要掌握了解题技巧，很多习题无须亲自思考，也能够解答，但生活不同。吵架了，怎么办？真不想练琴了，但要是这么说了，妈妈会生气吧……生活里尽是这种没有答案的问题，且没有什么固定的解题技巧，这些才考验我们的思考能力。我们必须独立思考，得出自己的答案，然后向前进步。

有机会再与大家分享学习所需的思考能力，这本书主要还是想与大家探讨如何在生活中提升思考能力。

思考是一种习惯

只有让思考成为一种习惯，才能真正拥有思考能力。无论你曾经多么擅长思考，一旦停止思考，思考能力马上就会钝化。

不养成习惯，就无法真正掌握。不每天使用，马上就会生锈。在这一点上，思考能力和外语能力相似。如果不每天反复练习，就不能真正掌握一门外语。即使真的掌握了某门外语，一段时间不用，外语能力也会很快退化。许多海外留学归国人员便是如此，一段时间不说英语，英语能力便急剧下降。

如果能让思考成为一种习惯，那么就能磨炼出这种时候这样思考即可的灵性。正是因为成了习惯，所以哪怕到了紧急时刻，也能沉着冷静地认真思考。

如果想让孩子获得某种习惯，家庭是第一选择。即使在学校或培训班也有提升思考能力的机会，可是在家庭之外能做的事情是有限的。孩子在家才有大把的时间，可以长期、持续地坚持一件事情。正是因为这样，孩子的思考能力才能实打实地得以提升。日常生活才是思考能力发挥作用的天地，我想，没有比家庭更日常的场合了吧！

相较于社会和学校，在家庭生活中锻炼思考能力十分重要，因为家庭生活中有更多、更好的锻炼机会。

孩子思考能力的重要性不言而喻。但是，目前大多数学校授课所遵循的理念还是得到唯一的、规定的"正确答案"才是最重要的。让他们突然改变理念，认为有多个正确答案，思考的过程比正确答案更重要是不太现实的。

正因为如此，家长才更需要有意识地在家里创造出思考的场合，锻炼孩子的思考能力。

如果家长准备好正确答案，孩子就不会去思考

读到这里，想必还有读者存在这样的疑问："虽然我已经明白了家庭教育对于培养孩子思考能力的重要性，但是家长又不是老师，能有效提升孩子的思考能力吗？"

你能做到！因为思考能力不是靠教授习得的。

我刚才也提到，不能滔滔不绝地回答孩子的提问，但是在实际生活中，大家在回答孩子提问的时候，是否会直接给出自己所知道的正确答案呢？

除了环保袋的例子，再比如孩子问为什么一定要学习，你可能会回答："不学习就不能出人头地，你要努力学习，然后成为出色的大人呀！"

对于孩子的疑问，家长总是会马上一本正经地回答。这就是家长扮演起了老师的角色，教授孩子正确答案。

如果家长总是直接告诉孩子正确答案，孩子就会认为大人的回答就是正确答案，自己思考什么都是徒劳，

比起自己思考，不如直接套用大人的正确答案。

所谓思考，就是要开动脑筋得出自己的答案。面对孩子"为什么一定要学习"这样的提问，大人可以通过反问来引导孩子自行寻找为什么要学习的答案。比如不学习会怎么样？努力学习就会有好事发生，这个好事是什么呢？自己得出的答案与被灌输的答案不同，它是可以真正存留在孩子心里的。学习的兴趣（哪怕是短暂的）自然也会高涨。

另外，对于为什么环保袋有利于保护地球这类较为宏大的问题，如果家长能够将其拆分为"环保袋是什么？""保护地球是怎样一回事呀？""为什么我们必须保护地球？"这些小问题，孩子就能对日常生活、地球环保问题，做出符合自己年龄段的思考。孩子得出自己的答案，就会发现原来自己也能这样思考，于是信心大增。

学识渊博、高学历的家长特别要注意不要直接给出答案这一点。学识渊博的人知道许多问题的答案，也很容易站在过来人的立场陷入"教一教他/她吧"这种模式。长辈传授给年轻人经验，这本是一件好事，但如果想要锻炼孩子的思考能力，那就一起变成"小傻瓜"，不要轻易讲出答案。

不过，也许有的家长会担心，扮演"傻瓜"是否会有损自己在家庭中树立的威信，一旦威信受损，孩子可能就不听话了。家长有这样的担心无可厚非。

在这里，我想分享一些我们家的事情。我们家是四口之家，有两个上小学的孩子，我们无论什么事情都会共同思考、相互分享。与孩子交谈的过程中，我经常意识到必须改变自己的想法，此时我就会说"的确如此""还有这种方法呀！真棒，我也这样试试"。不管是孩子，还是其他人，只要我们说的话具有说服力，他们就会立刻折服。

再有，我也想让孩子再好好思考一番，所以即使孩子向我提问，我也不会马上给出答案。我的口头禅就是"不知道""你自己再想想""自己查查看"。如果孩子去问我的丈夫为什么，他的回答也一定是"是呀，为什么呢？"。

但是，我的孩子并不会觉得我们这两个"傻瓜"爸妈没有威信（孩子一旦闯祸了，据说最怕的还是我和我的丈夫）。

虽说扮演了"傻瓜"，但是孩子并不会因此认为父母是"傻瓜"。如果家长傻一点儿就能提升孩子的思考能力的话，那我非常乐意成为"傻瓜"。

我一个在澳大利亚当老师的朋友曾经说："如果孩子们提起我，会说'那个老师什么也没教。最后总是靠我们自己寻找答案'，那就证明我的教育是成功的。"教育，不是由拥有更多知识和经验的人教授处于弱势的孩子，而是引导孩子自己寻找答案，家长只需像幕后推手一般轻轻助推一把。

家长应该将自己的知识、经验以及人生阅历更加淋漓尽致地体现在将正确答案挂在嘴边以外的地方。让孩子在被精心培养、被爱、被正面训斥的过程中感受父母的威信。

不要"使"孩子思考

我还想聊一聊家长的聊天方式。

经常有家长问我如何使孩子思考，但是"使"的这个态度本身就是不可取的。

不能用"使"来让孩子思考。孩子在感受到被逼迫的瞬间，就会反感思考。我们要让孩子自发地想思考，乐于思考。

我说过，只有让思考成为习惯，才能真正发挥其作用。无法令人愉悦的事情是不可持续的。即使勉强持续，那也无法真正成为自己的能力。

要让孩子多思考，那就必须创设一个让人感受到快乐和喜悦的思考氛围。邂逅全新想法时的快乐，想出好点子时的快乐，感到充实的喜悦，了解自己时的喜悦……让孩子在思考时感受到各种各样的快乐和喜悦，这一点十分重要。

创设一个让人感受到快乐和喜悦的思考氛围时，要遵循两个原则。原则1：成为孩子思考的伙伴。原则2：发自内心地认为与孩子一同思考是一件开心的事情。

原则1：成为孩子思考的伙伴

所谓成为孩子思考的伙伴，就是家长跟着孩子一同寻宝。由孩子掌握主动权，家长只需在后面陪伴同行。虽然不知道何时何地会出现何种宝藏（也就是答案），但是沿途一定会有超棒的宝物。所以，请满怀期待地跟着孩子一同前行吧！

不过，请不要事先预设孩子应该给出这样的答案。因为一旦做了预设，就会下意识地进行引导，让孩子说出某个预设的答案。引导得出的想法，只能说是引导者的想法，而不是孩子的想法。

另外，既然称为伙伴，那么就要将孩子置于平等的地位，给予尊重。逼迫孩子认为这才是好的想法，否定孩子的想法，颐指气使地认为自己的答案更好，都是不可取的。家长应该做的，是给一些线索，予以帮助，让孩子凭借自己的力量找到宝藏，让孩子通过独立思考得出结论。比如，你的想法真有趣呀，为什么这么想呢？妈妈（爸爸）是这样想的，你还是那样想的吗？我们不要只看到消极的一面，再来想想积极的一面吧！

原则2：发自内心地认为与孩子一同思考是一件开心的事情

一个人若是开心，那份开心是会感染到身边的人的。要发自内心地认为"思考以后明白了很多事情，真开心""知道了孩子的想法，真开心"。事实也是如此，与孩子一同思考是一件开心的事情，会收获许多意想不到的快乐。

但是，在寻宝的过程中也会有找不着宝藏的情况。思考同样如此。有时，无论你怎样思考，也无法得到答案。但也无妨，不是什么事情都非得找出个答案的。漫漫人生，多的是无解的难题。

即使没有得出答案，但是与伙伴一同度过的时光，以及你努力了的成就感，也是这一路寻宝的意义所在。"我尽力了，原来我也能这样思考……"这些感受都能成为自信的来源。而这份自信将会成为孩子下一次继续尝试的动力。

孩子比大人更加害怕说出"错误"的答案。但是，害怕，是学不会独立思考的。

所以，当孩子思考的时候，大人应该创造一个在这里说什么都没关系的轻松氛围。家长可以反复地说："你可以畅所欲言，什么回答都可以，努力思考本身就是一件很棒的事情。"

对孩子来说，父母就是无论我说了什么，哪怕失败了，也会爱我，也会一直支持我的人。有这样的父母陪伴，孩子可以放心大胆地思考。

没有什么所谓正确的意见

但是，对于孩子来说，父母是比自己更厉害的存在。所以也许有些家长会顾虑，如果孩子认为家长的意见肯定是正确的，那孩子会不会退缩不前呢？

确实，孩子起初会这样想。那么，为了打消大家的顾虑，我们来思考一下，所谓答案，也就是意见，究竟是什么？

意见，就是每个人基于各自的性格、经验和知识等在脑海中形成的想法。没有谁能拥有完全相同的性格、经验和知识，所以意见相左是再正常不过的事情。

正因为意见各不相同，意见才有意义。正因为有意义，才应尊重每个人的意见。

总之，世界上没有正确的意见。既然没有正确的意见，那么相应地，也不存在错误的意见。

我们不能用正确与否来评判意见，而应看它有无说服力。说服力不是由阐述意见的人是否厉害来决定的。无论是家长，还是知识和经验尚浅的孩子，说服力都是由阐述的意见内容来决定的。

假设你现在的想法是吃晚饭前，想和孩子一起泡个澡，这样晚上能更加轻松。根据你多年的经验，先泡澡更合理，而且因为做饭、烧洗澡水的都是你，所以你认为自己有发言权。但是，你也不能因此认为"我的意见是正确的""我是家长，我的意见更有说服力"。没有什么所谓正确的意见，意见的说服力也不是由说话人的身份决定的。

"我的意见是对的""我的意见更有说服力，因为我是家长"，这些想法都是阻碍孩子思考能力提升的因素。

人一旦觉得什么东西是正确的，就会停止思考和质疑。一旦认为自己的意见是正确的，可能就会导致明明应该继续好好思考，但是却中途放弃了。

一旦你认为自己的意见更有说服力，因为你是家长，就不会过多思考，容易将自己的想法强加给孩子。在这样家长意见当道的家庭里，孩子就会认为思考是一件徒劳无功的事情（但并非孩子的任何意见都要听取，放任自流。具体内容请见第3章）。

请大家时常告诫自己，没有什么所谓正确的意见，决定意见是否有说服力的不是看是谁说的，而是看意见是什么。

家长要成为爱思考的人

要想锻炼孩子的思考能力，家长也需要提升自己的思考能力。孩子是照着家长的模样成长的，家长的习惯也会成为孩子的习惯，思考亦然。比起直接告诉孩子多多思考，不如让孩子每天都能看到你思考的模样。

让孩子看到你思考的模样，不意味着你总能说出完美的答案。经常进行各种思考，哪怕说不出答案也无妨，稍微开点儿小差也无碍，重要的是你愿意积极思考。

即使你不太擅长思考，也无须担心。我接下来会详细介绍思考的诀窍。不过在那之前，我想先聊一聊为什么思考能力是孩子的必备能力这个根本问题。

思考能力即生存能力

我认为思考能力是家长能够给予孩子的最宝贵的财富。无论留给孩子多少金钱和房产，最终都会消耗殆尽。但是，一旦培养了思考能力，无论发生什么意外，它的价值永存。如果有人问我想把自家孩子培养成怎样的人，我的回答一定是即使发生危机，也能生存到最后的人，当然危机只是个例子。总之，我希望我的孩子可以成为那样的人——无论未来的人生道路上发生了什么事情，都可以凭借自己的双手闯出一番天地。

我相信，好好生活的能力可以由思考能力带来。

拥有思考能力之后，很多原先做不到的事情都变得可能做到。思考怎样做到，得出自己的答案，然后去解决问题。思考能力可以帮助人解决问题，同时能让人变得更加自信。问题迎刃而解，人也变得自信大方，也就自然容易收获快乐。

而且，有了思考能力之后，同理心也会增加。这是为什么呢？

因为认真思考后，会格外珍惜自己得出的意见，并知道拥有宝贵意见的不光只有自己，知道每个人都有自己珍视的意见，自然便会学会尊重每个人的意见。

一旦养成了思考原因的习惯，就会站在对方的立场去思考为什么对方有这样的想法，也就能够去理解他人。

正视自己心中生气、后悔、厌烦等情绪也是具有思考能力的体现。确认自己当下的感受，如果你生气的话，就想想应该怎么办，如何解决自己的情绪问题。

另外，将在学校学习的知识应用到实际生活中，这也是具有思考能力的体现。我曾经问一名小学二年级的男生："金字塔是怎样建成的？"他回答道："准备比跳箱更大的跳台，然后让工人搬着石头，站在上面，然后跳到正在修建的金字塔上。"

这是一个非常可爱的回答，小男生充分运用了他所知道的古埃及没有电和现代机械这个知识，还有跳台让人跳得更高这个体育知识。这也是他动用想象力，思考如果没有电和机械，该怎么修建金字塔的结果。

经常确认自己的想法，正视自己，就能更加了解自己。如果能了解自己，就能肯定自己。你可能经常听到"了解自己"这个说法，但是你对自己肯定还有

金字塔是怎么建成的

很多不了解的地方。想要喜欢自己，必须了解自己，也就必须经常思考。

　　总之，要说思考能力为什么重要，因为思考能力是一种生存能力。如果人拥有自信、同理心、解决问题的能力、正视情绪的能力、运用知识的能力和想象力，同时还能开心生活，那么无论发生什么，都能觉得自己很棒，然后堂堂正正地生活下去。

第 2 章

比表扬更重要的是"对话的习惯"

你是否也认为表扬有助于提升孩子的思考能力呢?

　　我经常问孩子什么东西是最重要的，他们给出过各种回答，但我印象最深刻的是"生命"。

　　我想问问大家，如果孩子跟你说最重要的是生命，你会如何回答?

　　会是"真棒"吗?

　　的确很棒。可是，大人们总是就此打住话题。

　　表扬孩子真棒就能提升孩子的思考能力吗?

　　恐怕不能。

　　对回答问题的孩子说"真棒"，与对在游泳班能一口气游上25米的孩子说"真棒"是完全不一样的。在游泳班被夸了"真棒",孩子就有动力继续努力,也许下一次就能游50米,这是因为游泳班本身就是提升运动能力的地方。但思考能力不同。

另外,如果一个劲儿地夸孩子真棒,孩子可能就会认为被家长夸的回答就是正确答案,然后为了能说出让家长夸赞的回答而拼命努力。而思考能力是帮助人得出自己认可的答案,所以以上的做法是错误的。

表扬和认可是一件很棒的事情,但不能止步于此。认可之后,还应该继续提问,让孩子继续思考,以提升思考能力。

那么怎样的提问是有效的?为了提升思考能力,需要关注哪几点?

本章我想与大家聊一聊如何在家里提升孩子的思考能力。

首先，大原则就是"接受—提问"

希望大家无论何时都要留意的一点就是"无论怎样的想法，首先是接受它"。然后请记住这个原则：接受—提问。

接受孩子的想法，就是对孩子努力思考了这件事给予肯定，并接受孩子思考方式的独特性。孩子脱口而出的一些话也许会超出大人的想象，但无论什么情况，都要接受孩子的想法，并认为这样想就足够了，创造一个让孩子愿意继续思考的环境。

比如，你问孩子最重要的是什么，孩子如果回答游戏，那么作为家长，你是否会想说能不能认真点儿。

但是，请你千万不要说出"游戏？不可能吧""竟然觉得那种无意义的东西重要，太丢人了"，等等。

无论孩子的想法多么让你"反感"，无论与你的想法多么不同，也不要用不可能来轻易否定孩子的想法。立场不同，想法自然不同，仅此而已。

如果自己的想法被父母否定，孩子难免就会害怕思考。要想不下意识地否定孩子的想法，重要的是时刻提醒自己，不能觉得对于这个问题，这个回答是不可能的，不能笃定某个问题有唯一正确的答案。

那么应该怎么做呢？比如，可以说"真有趣"，先接受孩子的想法。对于"游戏"这个回答，可以说"比想象中有趣呢"。

重要的是，千万不要说谎。不要因为一味想要培养孩子的思考能力，就随便夸孩子，因为孩子可以迅速识破大人的谎言。不是发自内心的夸奖，就无法打动孩子。无法打动孩子的夸奖，自然不会让孩子产生"耶！以后我还要多多思考"的心情。成为共同思考的伙伴，就是将孩子作为平等的个体，与之认真地对话。

接受以后，就到了提问阶段。提问是让思考更深一步的催化剂。许多伟大的哲学家也是通过提问来深入思考的。希望大家能不断地向孩子提问，让孩子深入思考。孩子会通过不断积累深入思考的经验来提升思考能力。

最有力量的提问便是"为什么"。被问了为什么，孩子就不得不继续思考原因，咦，这是为什么呢？如果孩子想不出答案，那他就多了一次重新思考的机会。至于提问的技巧，我将在下一章详细说明。

即使孩子给出了荒唐的回答，也请先亮出接受的态度，问孩子："是吗？为什么这样想呢？"不用去想孩子深入思考到什么程度了，先接受孩子当下是这样想的这一事实。接受了之后再发问："那是不是不太好？那样也没关系吗？"

要想提升孩子的思考能力，日常的思考习惯十分重要。除了"接受—提问"这一大原则，我还想请大家记住一些习惯。这就是我接下来要展开介绍的11个习惯。这些习惯并非需要你每天都践行。当你时间宽裕、心情放松的时候，可以从比较容易做到的习惯开始尝试。

习惯1：跟孩子多多交流

当我有困扰的时候，我先自己思考一番过后，就会问孩子："你觉得呢？"因为孩子的回答总能成为我进一步思考的契机。

我在上一章介绍过的思考能力的关键点之一，就是深入思考是否有其他的思考方式。而和别人聊天的过程，就是通过别人的大脑给自己一些其他思考角度的过程。这里的别人和你处于不同的立场，所以很有可能会有不同的思考角度。

请多多与孩子交流。可以是"给奶奶送什么礼物好呢？"这种比较简单的问题，也可以是"妈妈说了好朋友的坏话，怎么办呀？"这种稍微深刻的问题。总之，只要不是误导孩子的问题，就请多多提问。但不要直接把"你怎么想？"甩给孩子，而是首先自己进行思考，然后再以询问的口吻问孩子："妈妈（爸爸）也想了一番，但还是不太明白……你认为呢？"平时巧设聊天环节，可以让孩子认为那些思考了也想不明白的事情，与人交流讨论是理所应当的。

与孩子交流的益处颇多。对孩子而言，这不但有利于训练思考能力，而且如果告诉孩子多亏了他的意见，这件事才顺利进行，孩子也会因此更加自信。同时也能让孩子意识到，询问别人的意见可以促使自己深入思考。另外，这也传递给孩子一个信息，即妈妈也有答不出的问题。

习惯2：互相遵守"不打断别人说话"这一规则

打断别人说话，只管表达自己想说的观点，是孩子经常有的问题。为了让孩子掌握说话礼仪，也为了在实践中让孩子懂得每个人的意见都应该被尊重这个道理，请家长与孩子约定，共同遵守不打断别人说话这一规则。

如果孩子打断了你的发言，你可以提醒孩子这一规则："妈妈现在正在说话。别人说话的时候我们应该怎么做？"如果孩子尚不明白"不打断"的意义，你也可以问："为什么不能打断别人说话呢？"这没有正确答案，孩子只要说出符合自己年龄和性格的回答即可，比如：因为别人的意见很重要，因为可能别人的发言会很有趣，应该尊重别人的意见，等等。

然后请你在发言结束后对孩子刚才的忍耐给予正面回馈，说："谢谢你的倾听。刚才你想说什么呀？"如果能温柔地与孩子达成不打断别人说话这个共识，那么孩子也不会泄气地觉得难得自己想要表达意见，但没被允许。

习惯3：通过自己的态度告诉孩子"意见由于不同才精彩"

与孩子交流时，对孩子发表的意见不要总说"这样啊"，家长也要分享自己的意见。这样一来，孩子便会自然而然地认为每个人拥有不同的意见是一件十分正常的事。

另外，通过说"你是这样想的呀！真有趣。妈妈是那样想的"这些类似的话，明确谁的想法是什么，这可以让孩子意识到意见是每个人很宝贵的东西。

习惯4：不仅仅只有提问的时候"不说答案"

无论孩子提出怎样的问题，大人都不要轻易说答案，不要剥夺孩子思考的机会。

大人不说答案这个规则还可以应用于孩子提问以外的许多场景。

比如，与孩子一同外出，收拾回家的行李。可以问孩子"我们带了哪些东西出来"，而不是直接说"哎呀，我们忘记拿水杯了"。这样一来，孩子就会自己盘点行李的数量，确认有没有落下东西。

又或者，孩子忘记了你曾经说的事情。你跟孩子说过很多遍在车内要保持安静，但是孩子还是在车里发出较大声响。这时候，你可以问"在车内要干什么来着"来促使孩子思考，而不是一味重复"我说过车内要保持安静"。孩子没有信守诺言的时候，也可以跟孩子确认："我们刚才约定了什么？"

孩子挑战新事物时，也请不要在旁边指导应该怎样做，这样孩子便能迅速成长。比如，吃完饭后，孩子把餐具端到洗碗池。看到孩子非常危险的端餐具方式，你可能会捏一把汗，于是就不自觉地出手帮忙，或者告诫孩子不要那样摞盘子，总之就是说出你认为的完美的端餐具方式。

这时候，你可以问："怎样端盘子才比较安全呢？"如果是不易碎的盘子，那你无须多言，让孩子尽快完成即可。如果孩子因为摞了很多盘子而不小心打碎了的话，他也就会思考下次应该怎样端盘子才不会打碎盘子。当孩子尝试新事物时，只要在大人能够容忍的范围内，请让孩子多多品尝失败的滋味。这样一来，你可以传递给孩子一个信息，就是没有人能一开始就成功，失败能让人成长。

习惯5：进行提问，让孩子自行思考

孩子小时候经常被要求"请收拾一下""请先做作业"等。与其经常要求孩子，不如让孩子思考一番。

比如对于"请收拾一下"，大人可以试着问："如果不收拾会怎样呢？""请收拾一下"是一个命令，孩子只会听从，或者不听从罢了，但如果你提问"不收拾会怎样"，那么接下来孩子就有思考的机会了。

如果孩子回答房间会变脏，那么你就可以实践"接受—提问"这个大原则。你可以说："嗯，是的！那怎么办呢？"孩子也许就会主动说："那我来收拾一下吧！"

我推荐大家把"请……"换成"如果不这么做会怎样"。这是一个可以预想未来情形的提问句式。"请先做作业"换成"不做作业会怎样"，"好好道歉"换成"如果不好好道歉会怎样"，等等。孩子一般不会去多设想未来的情形，而只满足于现状。但是设想未来是培养思考能力很重要的一点。如果家长能这样提问，那么孩子就能在日常生活中养成设想未来的习惯。

"请……"就是"如果不做什么事情就会有什么麻烦"。通过这样的发问句，孩子就会进一步思考"如果不这么做就会有怎样的麻烦"。于是，孩子对于为什么一定要做这件事，就会尽可能地去思考，得出自己的答案。自己得出了答案再去行动，与被父母命令了以后勉强地去做，孩子的行动意识会大不相同。

习惯6：让孩子养成"先思考再行动"的习惯

你是否想让孩子养成判断当下的情况，先思考再行动的习惯呢？为了能够从容应对意想不到的情况，先思考再行动是不可或缺的能力。但如果大人总是直接告诉孩子应该如何行动，孩子就无法掌握这一技能。

与孩子一同做饭或是做卫生的时候，都是培养孩子先思考再行动习惯的好机会。

比如，酱油和杯子已经端上餐桌了，你还想让孩子把筷子准备好。那么，请不要直接招呼孩子把筷子准备一下，而可以问孩子："餐桌上还缺什么呢？"当你在用吸尘器做卫生的时候，不要直接让孩子挪一下椅子，而是向孩子发问："我想打扫一下那边的地板。应该怎么做呢？"

问出"应该怎么做呢"的时候，其实大部分情况下大人心中已有正确答案，比如挪一下椅子。但是大人不能因此就误以为正确答案以外的回答是错误的。

比如，当你想让孩子准备好筷子，故而问餐桌上还需要准备什么时，孩子说纸巾。也许有的家庭不会在餐桌上准备纸巾，家长就会说"不是纸巾，而是筷子"，这种应答是不妥当的。家长可以说："纸巾吗？我还真没想到呢！"总之先接受孩子的想法，然后再向孩子提问："不过，为什么是纸巾呢？"

也许孩子会回答："因为有了纸巾，餐桌就更有氛围呀！"如果家里有纸巾，那么在餐桌上摆上纸巾也别有一番趣味。如果家里没有纸巾，你也可以与孩子交流，继续寻找答案："是嘛！纸巾呀，那麻烦了，我们家没有纸巾，怎么办呢？"在先思考再行动这一点上，没有唯一正确的答案，请多多与孩子交流吧！

习惯7：转化为语言

思考这件事是需要语言辅助的。虽然数字和绘画也可以发挥作用，但是想要深入思考，必须用好语言。

有些语言的表意是比较模糊的。虽然模糊的语言也有其美感，但是在培养思考能力这件事上，却不利于加深思考，所以模糊的表达并不可取。在日常生活中，要让孩子意识到不要言辞含糊，要表意明确。

比如，孩子非常兴奋地说道："哇，太棒了！"你可以通过提问助推一把，帮助孩子用语言将自己的感受明确地表达出来。首先，你还是可以说"这样呀"来接受孩子的想法。你可以问："'哇'是怎样的感觉呢？棒在哪儿呢？好想知道呀！"

而且孩子常使用"大家""总是""绝对"等比较夸张的词汇。如果孩子说话时用了这些夸张的词汇，你可以一边接受，一边跟孩子确认那些话的意思："是嘛，你是这样认为的吗？'大家'是指所有人吗？"

为了让孩子养成把话说清楚的习惯，我推荐大家可以跟孩子相互交换日记（没必要每天都写），每天晚上跟孩子一起写下今天开心的五件事（这是心理学家泰勒·本-沙哈尔在其著作里介绍的方法，我稍微进行了调整）。

其实做起来很简单。睡前与孩子一起各自写下当天开心的五件事，然后互相分享，仅此而已，几分钟就能完成。把开心的事记下来，你们就会感受到："虽然今天也发生了不开心的事情，但是我能写出五件开心的事情，说明今天还是相当不错的一天呢！"这样一来，你也能从各个角度来看待当天发生的事情。

习惯8：把心情用语言表达出来

每个人的心情和想法本来就很难用语言表达清楚。

比如，你最近心情烦躁。烦躁的理由是你发现自己想回归职场，但是很难实现。为了解决这个问题，你就去求职网站检索。

这就是你把原本无法诉诸语言的某种感受用"烦躁"来描述，并且将原因梳理成语言，即那是因为你想回归职场，但是很难实现。将心情和产生某种感受的原因转化为语言后，再进一步问自己："那应该怎么办呢？"

用语言把心情表达出来，并且在语言层面探寻情绪背后的原因，这件事对于大人来说都很难，对于经验尚浅和词汇量较少的孩子来说就更难。况且，很多情况都无法找到合适的语言来形容，即使找到了，也未必能真实地表述出来。比如哭泣的真实原因是打牌输了很不甘心，但是说出口的却是哥哥没有说谢谢，等等。

但是，如果想要真正掌握思考能力，就必须坦诚地面对自己的心情，并且去解决问题。要想坦诚地面对自己的心情，就要在语言上明确自己现在是怎样的心情，为什么是这样的心情，去思考，然后才能向前更进一步。

心情温度计

下面的图片是我们家的"心情温度计"。我阅读了一本讲述如何应对孩子情绪的书，受其启发，我让我的孩子制作了这个"心情温度计"。

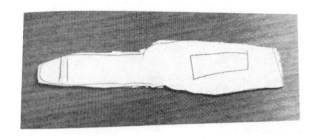

心情温度计

虽然说是温度计，但其实是在卡纸上画出温度计的正反面，剪下来，粘到一起，非常简易。这个小物件在孩子悲伤或愤怒的时候能发挥意想不到的神奇作用。尤其是对于那些还不太能用语言表达心情的、还没上学的孩子，我尤其推荐这个方法。家长制作也行，但是孩子自己动手制作可能会更好。

当孩子生气或者郁闷，但又很难将自己的心情表达出来的时候，就可以递给孩子这个心情温度计（等孩子生气或者哭泣一阵子，心情稍微平复后）。你可以这样向孩子讲解心情温度计——

　　家长："温度计一般是测什么的呀？"

　　孩子："体温。"

　　家长："是的。这个温度计叫作'心情温度计'，不是测量体温的，而是测量心情的。一般的温度计如果哔哔响的话，会怎样？"

　　孩子："我们就能知道体温是多少摄氏度。"

　　家长："是的。这个心情温度计也会哔哔响，然后就能知道你的心情如何。有的时候会马上响，有的时候得过很久才能响。响了就证明你知道自己心情如何，知道了以后一定要告诉妈妈噢！"

　　孩子："如果我告诉了你，你会不会生气呢？"

　　家长："如果温度计报了'38摄氏度'，你不会觉得跟妈妈说了，妈妈会生气吧？心情温度计也一样。如果你知道了自己的心情是什么，不用担心妈妈会怎么想，你就如实告诉妈妈就好，妈妈绝对不会生气。"

　　心情温度计只不过是卡纸做的，所以既不会响，也不可能显示生气。但是心情温度计代表的是一种仪式感。它有神奇的魔力,你可以告诉孩子:"把这个温度计夹在腋下,你自己发出哔哔的声音后,就可以如实说出你的心情。坦诚地说出自己的情绪,没事儿!"这样可以让孩子放松下来。把这个"魔法小物件"交给孩子,并且告诉孩子说什么都没关系,这就相当于为孩子创造了一个安全地带,也是孩子坦诚说出自己情绪的最佳氛围。

起初,也许孩子无法马上说明白自己的心情。如果孩子把心情温度计夹在腋下好几分钟后还是什么也没有说,你可以温柔地问问孩子"响了吗",如果孩子说"没有",那你就继续耐心等待。如果孩子说"我也不清楚",那你就可以说"不清楚呀,那就算了吧",千万不要逼问孩子。哪怕是年纪很小的孩子,他们也会有不想说出口的事情,也许过一会儿孩子就愿意说了。使用心情温度计的最终目的,就是让孩子拥有一段正视自己情绪的时间,而不需要立即说出口。

当孩子习惯了以后,他会主动去取心情温度计,自己为自己创造一个较为轻松的氛围。为了让孩子能自己"测心情"，请把心情温度计放在孩子容易取到的地方。我们家是把它和真的温度计放在一起的。

我在前面已经提及"不要对孩子说谎"这一点。同样，你在对孩子说"可以坦诚地告诉我你的情绪"时，也一定要从内心认可孩子对你说的任何话。为了让孩子感受到你所说的"可以坦诚"，你可以对孩子说："既然妈妈说了，你可以告诉我你的任何情绪，妈妈绝对会遵守约定，请相信妈妈。"

哪怕孩子说你说了很过分的话，他很难受，也请你务必先接受孩子的想法。因为这是孩子经历了各种思想斗争，努力正视自己的情绪，将其转化为语言后，才好不容易鼓起勇气说出的话。这时候，你应该接受孩子的想法："你很诚实地告诉了妈妈。说出这番话需要很大的勇气吧？"

接受了孩子的想法后，继续提问，进一步与孩子交流，比如，你说："妈妈不是故意那么说的。但还是让你难受了，是吗？你觉得妈妈的说话方式哪里不对呀？"

具体应该怎样交流，我将在第4、5章中展开。

习惯9：不代替孩子回答

经常会有父母代替孩子说话。虽然家长是出于好意，觉得孩子很难说出口，就代替孩子说了。但这对于培养孩子的思考能力来说不是一个明智的做法。

说起来，家长认为孩子很难说出口这一点就是不对的，不能小看孩子的语言能力。哪怕是父母，也不能说自己完全明白自家孩子的心理。无论血脉如何相通，相互多么了解，孩子和父母的经验、知识范畴不同，性格也多少有差异。因为不可能拥有完全相同的视角，所以家长即使知道孩子觉得非常艰辛，但大家对于艰辛的定义和感受也多少有所不同。

另外，如果家长代替孩子表达的话，那么孩子就容易认为即使自己说不出口，也会有人替自己说。

习惯10：讲解难懂的词汇时，试着编创一个剧情

孩子对于一知半解的词汇，比如，税金、股票、谈判等，会经常问大人这是什么意思呀。这些成人世界的词汇，超出了孩子的经验和知识范畴，所以你也无法通

过问孩子"你觉得是什么意思？"来引导孩子寻找答案。年纪大一些的孩子也许可以自己查字典，但是年纪较小的孩子却无法做到。如果你不想让孩子知道某个词汇的含义，也可以用"你现在不知道也没关系"来含糊过去。

如果年纪较小的孩子问税金是什么，你可以解释个大概："税金是为了让我们居住的国家和城市变得更舒适，交给国家的钱。"这也可以训练大人的表达能力。

但是这样的表达就容易让孩子陷入一味听大人讲话的被动模式。如果你想让孩子主动思考，就需要花费一番心思。比如，你可以编创一个剧本来讲解词汇的意思。

我编创时总会动用几个我们家的小熊毛绒玩具（所有的角色都由我扮演）。当然，如果你觉得疲惫或者繁忙的时候，也可以直接告诉孩子答案。但如果你想稍微尝试一下，那就挑战一下吧！孩子一定会很兴奋的。

晚饭后一两分钟，手里拿着小熊，像过家家一样演一出剧，这也是一种休息。没必要特意准备好脚本，也没有正确答案一说。如果你觉得演砸了，那就停下来，重新开始。

比如，你在讲解股票这类词汇时，可以思考"在何时，何地，谁，为了什么，做了什么"。如果是一石二鸟这类词汇，我们可以思考"何时，何地，谁在何种情况下会'一石二鸟'"。这样一来，也就容易确定剧本的元素。我现在还会时不时给孩子编一出剧，我们家孩子很开心地称之为"小熊剧场"。

有一次，我的女儿问我股票是什么，我就编了一出"小熊剧场"。当时我们家的孩子每天都会和小熊玩过家家，他们假设小熊A经营一家咖啡厅。于是，我就以"小熊A的咖啡厅"为题材，安排小熊B出场，让他投资咖啡厅。

小熊B："我特别喜欢小熊A的店，我想做一点儿贡献。"

小熊A："谢谢支持！我给支持我的小熊都发了这个券。现在它是一张10元的券，但是等我的店发展更好的时候，这张券就可以以一张100元的价格卖给其他的小熊了，这也算是一种回馈。但是，如果这家店黄了，也许10元的券只能卖到5元了。这样你能接受吗？但我会为了让你的券涨到100元而努力的！"

最后再揭晓谜底："这个券就是股票。"当然小剧场只需涉及最基本的概念，太长的话，家长也累，孩子也会觉得无趣。

导一出剧的话，孩子就会一边看剧，一边消化理解，这可以训练孩子的理解能力。

这种方法适合用来讲解较难的词汇，而对于概念较为简单的词汇，比如耳钉，直接告诉孩子是什么即可。

如果是家长都不知道的超难词汇，你可以坦率地说自己也不知道，然后加一句："我也想知道它的意思。怎样才能知道呢？"这也可以让孩子思考如何查找不知道的事情，应该向谁请教。

习惯11：对自己的意见负责

对自己的意见负责，这一点十分重要。

意见是自己努力思考得出的想法（我会在下一章介绍如何形成自己的意见），是一个人的自我表达，是让别人理解自己的重要手段。在重要的场合发表自己的意见时，要有这样的觉悟："这是我努力思考的结果，对于我来说是很重要的一部分，所以我会对自己的话负责。"

很多成年人会草率地表达意见，用那不是我的本意来逃避责任。请不要随便说出不负责任的意见。

为了让孩子养成对自己的意见负责的意识，你可以在孩子做出决断的时候问孩子："这是你自己决定的事情，可以自己负起责任吧？"

当孩子说用猜拳决定时，这也是培养孩子责任意识的大好机会。比如，孩子说猜拳来决定谁最先吃第一颗糖。虽然是自己提议猜拳的，但孩子难免输了就会生气。虽然这种孩子气的行为也很可爱，但是你还是应该提醒孩子："说要猜拳的，是你呀！"你要告诉孩子："猜拳不可能一直赢的。有赢有输才是猜拳。既然你决定了要猜拳，那不管是输还是赢，你都不能埋怨。自己决定的事情，就要好好负起责任。"关于责任，我将在第4章之后进一步详细介绍。

追根究底地思考"为什么"

你是否觉得如果每件事都让孩子说明理由，孩子容易变得光说不做？

在培养思考能力这件事上，说明理由很重要。这一点我在前面的章节多次提及，但是可能还有家长担心，如果每件事都让孩子一一说明理由，孩子容易变得光说不做。

我在刚开设思考能力培训班的时候，经常听到家长们这样反驳："如果每件事都让孩子一一说明理由，孩子容易变成强势且光说不做的小孩。我不希望我们家孩子变成这样。"于是我就会告诉家长们："说明理由和变得强势之间没有必然联系。这样做也不是一件麻烦的事情。"现在我已经听不到这样的质疑了。

　　正如我在第1章提及的，思考原因有利于关心、体贴他人，也可以让人变得更自信。而且思考原因这件事蕴藏着更大的能量，我将在本章进行说明。

　　当然，思考原因不是思考能力的全部。思考能力的基本构成包括：认真了解、思考原因、深入思考是否有其他的思考方式。

　　我将在本章介绍帮助思考的3个步骤。这3个步骤不是麻烦的事情，而是让孩子更开心地生活，更加喜欢自己的重要步骤。

帮助思考的3个步骤

将思考能力的基本构成（①认真了解，②思考原因，③深入思考是否有其他的思考方式）拆分为帮助思考的3个步骤，如下图所示。思考能力的基本构成即为支撑思考能力的基本理念，帮助思考的3个步骤则将基本理念付诸行动。如果能按照这3个步骤实践，就能较快地、扎实地掌握思考能力的基本构成。

步骤1：理解

充分理解自己发表意见的对象

步骤2：形成一个初步意见

知道自己是怎么想的，并思考原因

步骤3：明确意见

进一步思考有无其他的思考方式，得出
让人信服的回答

认真思考，其实就是明确意见的过程。

如果遵循这3个步骤，孩子就能学会认真思考。为了让孩子能实践这3个步骤，家长要多多发问，在孩子背后助推一把。

大家在实践这3个步骤时，可以根据实际需要运用上一章提及的11个习惯。

请时刻牢记"接受—提问"的大原则，以及"转化为语言""不代替孩子回答"这两个习惯。

接下来，我将为大家详细讲解促使孩子认真思考的"父母的提问方式"。

为了步骤1"理解"的提问

"能说得再详细一些吗？"

为了认真思考，我们有必要充分理解自己发表意见的对象。

比如，女儿回到家，哭着说："今天在学校里小A对我说了很过分的话。"原来是小A故意在同学们面前说女儿矮，而身高一直是女儿的心结。

作为父母，一定想说"小A真过分"，但是请先忍住（在说"小A真过分"前，必须弄清事情的全貌）。你可以首先说"真不好受吧"来接受女儿的情绪，然后弄清楚究竟发生了什么。

孩子经常向家长汇报在学校或幼儿园发生了什么。但是需要注意的是，大多数情况下，家长是不在事件发生现场的，所以家长听到的汇报大多是孩子的视角。

假设有一辆车，车身右边是黑色，左边是白色，左右两边的颜色区别明显。如果站在只能看见车子右边的地方，那就会认为车子是黑色的。反之，站在只能看见车子左边的地方，那就会认为车子是白色的。毋庸置疑，视角不同，相同的事物就会呈现出不同的样貌。但是，我们有时候明明只看到事物的一半，却会认为这半边是黑色的，那么另外半边自然也是黑色的。甚至有的时候，即使站在能看到黑白两色的地方，也会产生自我怀疑而说出"这辆车是白色的"这种话。

孩子在小的时候很难意识到自己的视角是不全面的。如果抱有偏见，那么就会对有些明明能看到的事情视而不见。孩子向你汇报的时候，你可以助推一把，帮助孩子看清事情的全貌。不要抱着孩子的汇报里应该有漏洞这样的想法而去怀疑孩子的话，而是以想知道真相的姿态去倾听，帮助孩子进一步思考，帮助他们解决问题。

为了看清事情的全貌，首先确认孩子的描述中是否包含"5W1H"（"何时""何地""谁""什么""为什么""怎样"）。"5W1H"是把握事物全貌的基础。

比如，孩子汇报小A今天在学校，当着大家的面说她矮中包含了"何时"（今天），"何地"（在学校），"谁"（小A），"什么"（在大家面前说她矮）。但是没有提及"为什么"和"怎样"，所以你可以进一步向孩子确认这两点。

你可以问"为什么小A要说那样的话呢？"来确认"为什么"，问"小A是以怎样的口吻说的？说这话的前后发生了什么？"来确认"怎样"。另外，如果"什么"这一点也不是很清楚，你可以接着问小A的原话是什么。

为了确认是否还原了事情的全貌，你也可以提议能否再现当时的场景。

你要了解当时孩子周围的同学是怎样的状态。如果不了解这一点，即使知道了"5W1H"，也不能很好地再现事情的全貌。所以你可以接着问："你和同学们当时在做什么呢？"

除了非常严重、深刻的事件，其实孩子在日常生活中遇到的小麻烦都是极好的成长机会。家长好好弄清事情的全貌，和孩子多多交流，这都有利于孩子的成长。

将事实与意见区分开的能力

为了更好地掌握事情的全貌，要注意区分"现在我们说的是事实，还是意见"。

事实是以某种形式证实了的事情。比如，大家现在阅读的这本书。你们指着这本书说："这是一本书。"这就是事实。让别人看到这本书，摸到这本书，就能证明这是一本书的事实。

而意见是人们思考得出的，每个人的意见都不一样。比如，有人说："这本书好无聊。"

为什么要把事实和意见区分开呢？这是因为有时我们会把某人的意见误以为是事实，而无法弄清事情的全貌。不清楚事情的全貌，就无法认真思考。

"今天，小A对我说了很过分的话"，这是意见。"今天，小A在学校说了什么"，这是事实，但"过分"这个判断就因人而异了。家长听到孩子说小A说了很过分的话，就认为那是事实。家长对自家孩子充分爱护和信任，从未想过质疑和否认。

但是，如果家长一旦认为"小A说了很过分的话"是事实，就会开始思考："小A说了很过分的话，那为了让小A不再这么说，应该怎么做呢？"当然，也许小A真的说了很过分的话。但是，在了解事情的全貌之前，我们不能认定"事实就是这样"。了解了事情全貌后，我们应该思考的不是怎样能让小A不这么说，而是如何与小A处好关系。

孩子比大人还容易混淆事实和意见，有时会将仅凭印象记住的事情说得像是绝对发生过的事实。请大家一定要注意，在步骤1的"理解"阶段，将事实和意见认真区分开。

比如，"B老师好无聊"是意见，"B老师不爱笑"是事实。"哥哥欺负我"是意见，"哥哥学我的样子"是事实。

如果孩子说的话是意见，那么你可以询问孩子为什么这样说，确认意见背后是否有事实。孩子如果说："哥哥欺负我。"你就可以问孩子："为什么说欺负呀？"孩子答道："因为哥哥学我的样子。"你就可以接着问："哥哥真的是在学你的样子吗？"千万注意，不要逼问得太紧。如果过于执着于弄清事情真相，那就变得像警察审讯似的了。

我经常会跟小学生做一些区分事实和意见的小问答，让他们区分"明天应该天晴吧""天气预报称明天天晴""米老鼠很受欢迎"这些言论是事实还是意见。"明天应该天晴吧"是意见，"天气预报称明天天晴"是事实，"米老鼠很受欢迎"则根据对于"受欢迎"的定义，既可以是事实，也可以是意见。

能否区分事实和意见，对于思考能力，甚至是生存能力的影响甚大。

比如，小C第一次参加学校兴趣小组活动，她信赖的表姐告诉她手工社团很棒。这只是表姐的意见，但无论是大人，还是孩子，很容易将自己信赖的人的意见当作是事实。一旦认为是事实，就自然不会产生怀疑。

小C相信了表姐的话，加入了手工社团，但是一点儿也不有趣。这时候，小C也许就会认为表姐欺骗了她。但是如果小C在听到表姐的意见时，就知道这只不过是表姐的个人意见，不是既定事实，当作参考就好的话，也许就不会认为表姐欺骗了她。

孩子以后还要经历各种场面，与各种各样的人打交道。比如，如果孩子把"那个人有点儿奇怪"这个意见当作是既定事实，那很可能就会发生误会。

另外，事实和意见的区别，也和所谓的"媒体读写能力"（熟练使用媒体的能力）有关。网上搜集到的信息只是一种意见，知道也有这样的看法即可，如果误以为那就是事实，就很可能会掌握错误的知识。错误的知识就会带来错误的行动。对于孩子来说，甄别电视和网络上的信息是事实还是意见，并且灵活运用这些信息的能力，越来越重要。

孩子今后会面临各种各样的选择和决断。如果将

"那所学校绝对适合你"这个意见当成事实，入学后却发现自己无法适应新学校，那么孩子也许就会认为无法融入新环境都是自己的原因，从而陷入无端的自责中。

为了培养孩子区分事实和意见的能力，可以利用饭后或乘车的时间，进行我刚才所介绍的小问答，并且一定要让孩子讲明白为什么是事实或者意见。家长陪孩子一同锻炼思考能力，同时也能增进亲子关系。

为了步骤2"形成一个初步意见"的提问

"你是怎么想的？""为什么？"

首先问孩子是怎么想的。当孩子说了意见后，你先接受，然后接着问为什么。

理由是思考能力的关键。在我的思考能力课堂上，我会不断地问为什么，因为理由决定了意见的质量。但是，理由的力量远不止如此，它还可以提升自信，展现一个人的个性，检验一个人是否出于真心。

①理由可以提升自信

假设孩子们在学校讨论演A剧还是B剧，小太说A剧好，于是同学们纷纷问为什么，但他支支吾吾答不上来，结果最后大家选了B剧。

但如果小太说明了理由，比如在A剧中，大家都能够得到重要的角色，结果会不会不一样呢？

让自己的主张被认可的武器，就是说明理由。但是我不停向孩子发问的原因并不是想让孩子说得对方哑口无言，我希望孩子通过表达自己的意见而变得更加自信。

如果不阐明理由而光说A剧好，大家就无法得知为什么非A不可。不知道非A不可的理由，那么"A剧好"这个意见就站不住脚，说话者便会对自己的意见丧失自信。

如果知道理由的话，这既能说明非A不可的必然性，也是说话者的底气。"我有充分的理由，才得出了这个意见。"这是自信的来源。

对自己的意见有信心，和对自己的意见有执念，这是两码事。对自己的意见有信心，是让说话者得以站在起跑线上，准备朝着这个意见推进。

世间没有完美的意见。这个人认为完美的意见，也许对于价值观和经验都不尽相同的另一个人来说就"差点儿意思"。也正因为不完美，才能通过与别人交流，得出更好的答案。意见就是如此。所以无论你怎样有自信，也请不要有执念，不要觉得你的意见是完美的，并且一定要说服对方。

②理由可以展现一个人的个性

很多男生喜欢踢足球，询问他们喜欢足球的理由，回答各不相同。如，喜欢踢的感觉，喜欢射门时的感觉，因为哥哥喜欢踢球，所以也不知不觉爱上了……

这些回答有的是针对喜欢踢足球的感觉，有的是针对爱上踢足球的契机。每个人重视的部分都不尽相同。

没有两个人拥有完全一样的理由。假设小A和小B都是因为"喜欢踢的感觉"，但具体是什么感觉，小A说是踢球时的利落感，小B说是因为球能在自己的掌控之下前进。也就是说，"喜欢踢的感觉"的具体内容也是不一样的。

理由可以展现一个人的个性。当你知道孩子是怎么想的时候，你会觉得开心。为了更加理解和尊重孩子的个性，请你帮助孩子，让他多多说出理由吧！

③理由可以检验一个人是否出于真心

我的女儿在八岁时曾说过，她想参加剧团的试镜，我马上问她为什么。

她回答："去年我在学校参演了戏剧，我当时就觉得这是我喜欢的事情。站在舞台上表演，得到大家的掌声，我真的很开心，从未有过的开心。这一年，我一直在想成为演员的事儿。我想当一名演员。"大概因为我平常就总向女儿发问，所以她很自然地回答了我。

问孩子理由，就能知道孩子是否出于真心。我感受到了女儿的真心，所以我支持她去试镜。

如果女儿当时只是草率地说因为她想上电视，我可能就不会同意。草率的理由不具有说服力。随意思考，得出结论，也说明对自己的意见没有信心。

我把当时女儿说的理由记了下来，至今还保留着那个笔记本。剧团是一个残酷的世界，也许女儿会有想放弃的时候。那时，我会让女儿重读笔记，回忆当初想加入剧团的初心，帮助她重拾自信。理由是支撑"我想干什么"的关键。

孩子找不出理由时的3个发问技巧

被问为什么后，并非总能立即顺畅地说出理由。我想向大家介绍3个发问技巧，让找寻理由变得简单。

技巧1：询问"契机"

将发问"为什么"转变为"什么时候开始这样想的"，这对于孩子做决断来说非常奏效。

比如，当孩子说想学钢琴时，你可以询问孩子产生这个想法的契机："你是什么时候开始这样想的呀？"如果孩子说是去听小A钢琴演出的时候，你就继续追问小A的演出棒在哪儿。也许孩子会说那是他第一次觉得钢琴声真美妙。

提问的模式为：什么时候开始这样想的呀？契机是什么？这件事棒在哪儿？

契机有利于探寻理由。有了契机，才能萌生进一

步的想法和思考（比如，"我想学钢琴"）。就这个
契机与孩子进行交流，就能得到探寻理由的线索。

技巧2：让孩子说出回忆

我如果想让孩子告诉我他喜欢的东西，我一定会让
他先说说关于喜欢的东西的回忆。

从前，有个男孩称自己非常喜欢游戏机，他说（当
时他是小学一年级）："家里一直不让我玩游戏机，但
上了小学以后，妈妈终于允许我玩游戏机了，我真的很
开心。"他的这个回忆，其实就是他为什么如此喜欢游
戏机的理由。

对于"我喜欢A""我想成为B""我想去C地"这
些积极的发言，如果家长试着挖掘相关回忆，孩子会告
诉你许多线索，让你知道为什么是A、B或C。不过对于
"我讨厌D"这种负面的想法，虽然孩子也能说出相关
回忆，但还是不要让孩子提起他们抵触的事情为好。

技巧3：与一些同类事物比较

比如，孩子虽然喜欢咖喱饭，但说不出理由。你就

可以将其与同类事物比较，问："你喜欢牛肉洋葱盖饭吗？"孩子也许会回答："不喜欢，因为是甜的。"进而你再问："那你喜欢咖喱乌冬面吗？"孩子也许会回答："还是米饭比较好。"那么你就会知道，对于孩子来说，咖喱饭的魅力在于不甜以及它是米饭。

将A与同类事物B比较，你就能弄清为什么非A不可的必然性。哪怕不知道非A（比如咖喱饭）不可的理由，但通过与B（比如牛肉洋葱盖饭）比较，就能知道A所具备的而B不具备的特点。

以上3个发问技巧，既可以同时使用，也可以单个使用。可以根据孩子当下的精力如何，判断后进行选择。另外，如果问了契机和孩子的回忆都没有发现任何线索，那么可以再试试与同类事物比较的方法。

家长也要思考理由，并且表达出来

家长习惯性做的事情，孩子也会习惯性为之。所以你可以在生活中自然而然地表露出理由很重要这个态度。

这件事实践起来很简单。比如，晚饭的时候，你可以说："今天的汤特别好喝，这是为什么呀？"看樱花时，你可以问："樱花为什么这么好看呀？"看电视的时候，你可以不经意地问："这个人为什么这样说呀？"

可以自己说出理由，也可以自言自语一句"为什么呢"，这时候孩子大多会产生"我来告诉你答案吧"这样的心态。没有发问却能得到理由，何乐而不为呢？

请注意，说理由的时候千万不要说"绝对是什么"。比如，你可以说："今天爸爸很早就下班回家了，是想陪你玩耍吧？"在句尾加一个"吧"字，也是在告诉孩子也许还有其他原因。

深挖理由的重要性

理由经常是复杂、多层次的。比如，想成为演员这件事的原因，先是想扮演各种类型的人，这是因为扮演别人很开心，进而因为这样能体验别人的感受和人生。也就是说，想成为演员的理由可以分为三层。

思考理由的时候，最理想的情况是不断深挖，进一步思考更深层的理由，既可以让意见更有深度，也有利于增加自信。当孩子谈论他擅长的话题时，应该进一步深挖理由，反复问为什么。

但是，如果过于纠缠为什么，孩子对思考一事可能会感到腻烦。问了很多遍孩子为什么，也没能弄清原因时，应该如何应对？可以参考本书84页"得不出答案，也无须担心"。

深挖理由很不容易，但很有意义，家长需要亲身体验，这很重要。亲身体验之后，既可以掌握深挖理由的技巧，也可以在与孩子拉近关系的过程中，让孩子知道思考理由很重要，同时也很不容易。

其实，我希望大家能深挖理由并思考一件事情，那就是"我们家的规矩是什么"。

就自家规矩，深挖理由

虽说每个人的意见都应该得到尊重，但如果对孩子的每个意见都听之任之，可能会让孩子养成任性的性格。为了避免此类事情发生，家长可以制订一些希望孩子必须遵守的家规。比如，明确规定游戏每天最多玩30分钟。

规则说到底不过是某个人的意见。深挖理由，就能知道这是不是一个具有说服力的规则。对于没有充分理由的规则，不遵守也无妨。但只要有充分的理由，就可以自信地对孩子说："请务必遵守。"通过深挖理由，家长能确立自己的原则。

忙得没有时间思考的家长，可以利用自己的独处时间进行思考。比如，洗衣服的时候，做饭的时候，以及其他沉浸在自己一人世界的时间里。

我还十分喜欢在一个人走路的时候进行思考。繁忙的间隙，一边呼吸外面的空气，一边按照自己的节奏散步，并且进行思考。

思考"我们家的规矩"的时候，重要的是去思考"我们家"和"作为家长，我要做什么"，不用去想别人家如何如何。如果过于在意别人家的情况，那就不能为自己的家人思考。每家的情况不同。认真思考过后，对于自己认为无论如何都希望我们家孩子遵守的规则，只要它不违反社会道德和伦理，就应该充满自信地告诉孩子。

你可以列举出"我们家的规矩"（写出来比在脑

海中整理容易）。关于每一条规矩，你可以遵循这样的步骤：

1. 为什么想让孩子遵守这个规矩？尽可能多地列举出理由。

2. 把理由分为意见和事实。

3. 深挖理由。

无须一口气全部思考出答案，在时间允许的范围内慢慢思考即可。

比如，对于"游戏每天最多玩30分钟"，尽可能多地列举出你为什么想让孩子遵守这一条规矩（步骤1）。假设玩游戏的时间超过30分钟，你列举出了3条理由：

（1）视力会下降。

（2）就没时间做作业和帮忙做家务了。

（3）不希望因此没有与家人交流的时间。

进而将这3条理由区分为意见和事实（步骤2）。

（1）（3）是意见，（2）是事实。区分完是意见还是事实后，深挖理由（步骤3）。对于意见和事实，深挖的方法是不一样的。

当你的理由是意见时，可以试着进一步问为什么。

比如针对理由（1），你可以问自己为什么玩游戏时间超过30分钟，视力会下降。如果查了资料也没有发现依据的话，那说明这条理由是不具有说服力的。

针对理由（3），问自己为什么不希望因此没有了与家人交流的时间，于是你得出了"希望孩子与我们交流的时间更多一点儿"这样的回答。这也是意见。如果最后得出的理由还是意见的话，那就请继续向自己发问。

假设最后的答案是"珍惜家人之间的对话"。"珍惜家人之间的对话"可以说是家长的信念。如果不停地深挖理由，最后得出的还是信念类结论，那么就停止继续追问。因为对于信念，无论你再怎么追问为什么，最后也许只能得出"珍惜的东西就是珍惜呀"这样义正词严的答案。

对于信念类回答，你可以问自己："无论对谁，我都能充满自信地说这是我的信念吗？"如果答案是肯定的，那么你就可以认为自己的理由是具有说服力的。

当你的理由是事实时，你的答案就是有说服力的，但是如果要深入思考，你还可以在事实是消极的情况下，继续问自己："这个事实有什么不好的地方吗？"或者你在事实是积极的情况下，问自己："这个事实棒在哪里呢？"这是为了确认这个事实类理由对于自己意味着什么。

理由（2）"就没时间做作业和帮忙做家务了"是消极的事实，你就可以问自己："没有时间做作业和帮忙做家务，有什么不好的地方吗？"也许你的回答是："作业当然得做，也希望孩子通过做家务让居住的环境更整洁。"这个回答也是信念，所以你也要再次问自己："无论对谁，你都能充满自信地说'这是信念'吗？"如果回答是肯定的，那么理由（2）就是有说服力的。如果回答是否定的，那就证明没有说服力。如果对于"那个事实有什么不好的地方（或者很棒的地方）？"这个问题你能说出好几个答案，那么你就要思考每一个答案是否都能到达信念层面，让你能够自信地对别人说"这是信念"。

深挖理由后，如果步骤1中列出的理由，哪怕有1个

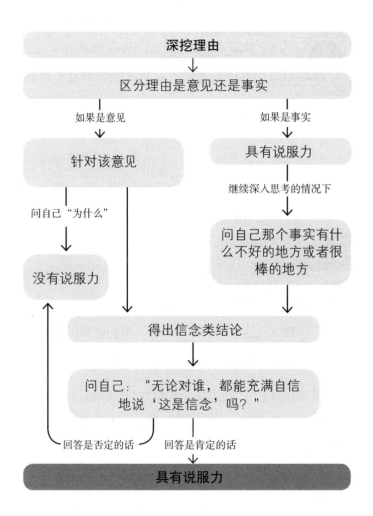

深挖理由的过程示意图

是有说服力的，你就可以确定自己对这个规矩有信心，希望孩子能遵守。

深挖理由的最终归属应该是事实层面或者信念层面，这是基本原则。但如果涉及家长的核心规矩或者重大事件，请将事实继续推进到信念层面。这样既能让你对于自己的思考和选择充满自信，也可以借此更加了解自己。

你可以在对孩子深挖理由的时候运用这些方法，但请记住，不要过分逼问。

为了步骤3"明确意见"的提问

不要使用"但是"这样的词汇

步骤3要做的，就是对于步骤2中形成的意见，思考有无其他思考方式。从各个角度努力思考，最终形成稳妥的意见。

得出其他思考方式的方法有很多，比如预测未来实际做起来会怎样，敦促自己站在对方的立场思考，等等，但是最轻松快速的方式还是反驳孩子的意见。如果孩子说小A有坏心眼儿，你就说小A心眼儿不坏。如果孩子说他不想练钢琴，你就说练钢琴也没坏处。

反驳的时候，必须得思考反对的理由。反驳也是一种意见，没有论据的反驳是没有说服力的。你可以说："我觉得小A心眼儿不坏呀。上次小A对你那么好。"你也可以说："练琴也没坏处呀。你说自己不适合学钢琴，可是适不适合这件事不是那么容易能判断的。"如果你的反对有充足的理由，那么你和孩子的意见，哪个更好？你们可以交流，甚至得出第三种意见（我将在下一章介绍如何交流的方法）。

比如，孩子说他讨厌小A，因为小A有坏心眼儿，你可以先说"是嘛"来接受孩子的意见，然后再从容地开始反驳。不过，当你要表达其他的思考方式时，最好不要加上"但是"。

无论你说了什么来接受孩子的意见，一旦你在后面加了"但是"，就会让孩子觉得你在推翻之前的意见。孩子可能会觉得你最开始的接受态度是条件反射，"但是"之后的内容才是你真正想表达的东西。的确，大多数情况下，如果是这样的表达方式，"但是"后面才是正题。所以，在表达其他思考方式时，请不要使用"但是""可是"这样的表示语义转折的词汇。那应该怎么做呢？方法有二。你可以以"妈妈是这样认为的"开头，也可以以"话说"开头。

如果你说"妈妈是这样认为的"，那么即使你的实际内容是反驳，孩子也会认为你只是在展现另一种思考方式。说了"是嘛"之后，稍微停顿一会儿，接着说："妈妈觉得呢，小A也许心眼儿并不坏。因为……"去掉"但是"这样的词汇，孩子就会比较容易接受反驳的内容。

还有一个做法是把反驳的内容转变为孩子自己就能察觉到的提问。比如，你想让孩子自己察觉小A也有温柔的一面，你就可以在"是嘛"的后面加一句"话说……小A身上只有坏心眼儿的一面吗"。

弹钢琴的案例也同样如此。针对孩子"不想练钢琴了，钢琴不适合我"的发言，你如果想让孩子自己察觉钢琴适不适合自己，不是简单能下定论的事情，你就可以先说"练琴真是很辛苦呢"来接受孩子的意见，然后再问孩子："话说，你这么容易就知道钢琴适不适合自己了吗？"

将"但是—反驳"转换为"话说—提问"的这个技巧，稍加训练就能熟练掌握。

为了发现其他思考方式的典型4问

问题1："如果你站在他/她的立场……"

比如，孩子说："小B说他什么都知道，很自负，我不喜欢他！"你先接受孩子的意见，然后问孩子："我们站在小B的立场看看吧！"请注意不要使用"但是"。

站在别人的立场思考问题时，可以让孩子变成那个人进行思考。与孩子一起回忆那个人的性格、倾向、喜好和言论等。你可以问孩子："小B说他知道的事情仅仅是和学习相关的事情吗？"或者你可以问："小B说过自己不喜欢输，是吧？"你也可以问："小B喜欢学习吗？"为了让孩子彻底站在别人（比如小B）的立场思考问题，家长可以与孩子一起"盘点"那个人究竟是怎样一个人。

然后再次对孩子说："我们站在小B的立场上思考一下吧！如果你是小B，你会怎样？会自负吗？"你也可以说："不想输给别人的性格真的那么糟糕吗？"

从别人的视角努力思考，想象别人所处的立场，找到其他思考方式，这样能培养孩子体谅他人的品质。体谅，其实就是站在别人的立场思考问题。

为了让孩子们学会从自己以外的立场看事情，我甚至会从物体的立场与孩子们交流。曾经有个小学的男孩问我："老师，可以把这个信封给我吗？"我刚说完"好呀"，男孩就说："那我就把它弄皱！"我马上说："希望你不要弄皱它。你从信封的角度想想，如果你是信封的话，你会难过得想哭的。"几天后，男孩告诉我，如果用那个信封装了资料交给学校，信封一定会很开心。

问题2："实际做了以后会怎样？"

我已经在上一章提及预测未来的重要性了，预测未来对于从其他角度进行思考也非常奏效。

比如，假设孩子认为这样办生日会，朋友一定会很开心。于是，你可以问孩子实际做了以后会怎样。也许从实操的角度重新审视这个方案，会出现"准备时间不足"这样的破绽。通过预测未来，孩子能进一步思考："我这个想法真的可行吗？我能对这个意见负责吗？"

问题3："还有其他理由吗？"

比如，小A说："撒谎是不对的。因为说了谎话，就不能如实传达自己的心情。"于是，我们可以继续发问："还有其他角度吗？"小A答："撒一个谎，之后就要撒更多的谎来圆。这太难了。"然后他还继续说道："不停撒谎是很累的。"这样看来，对于小A来说，第二个理由更像是他的真心话。

孩子想到一个理由后，很容易觉得只有这一个理由。如果这个理由是值得肯定的理由，那孩子就更会这样认为了。认真思考时，理由越多越好，这样更具说服力，对于孩子就更是如此。为了得到孩子的真心话，你可以继续问："还有别的吗？"这很重要。

问题4："比如？"

这个提问在孩子说"听过这个意见"的情况下非常有效。到了小学高年级，随着知识量增大，孩子便常会将别人口中"非常棒的意见"说成是自己的意见。

比如，"我们必须救助贫困的人，因为人与人就应该互相帮助"这个意见。孩子如此说罢，你可以继续发问："真棒。不过，你说的必须救助的'贫困的人'，比如有哪些呢？"

举出具体例子，就是让说出了普适结论的人，再从具体例子的角度重新思考。正因为世人普遍持肯定态度的意见被大家反复提及，所以只有当举出自己身边具体的例子时，才能说这个意见是自己思考后得出的意见。

如果孩子一下子找不到关于"贫困"的具体例子，你可以告诉孩子："你想救助哪种贫困的人，慢慢想一想。找到答案后再告诉我。"你这样说了之后，孩子就会竖起"寻找答案"的天线。然后也许某天，孩子从新闻里得到了线索，说道："非洲的儿童因为没钱，所以生病了也无法看医生，甚至有人因此死去。我觉得我们必须救助这种贫困的人。"

锻炼头脑风暴能力

头脑风暴能力是通过分享各种各样的意见，得出好点子的一种交流方法，也就是从其他角度思考问题的能力，换言之，就是通过头脑风暴寻找有无其他思考角度的能力。

所以接下来，我想为大家介绍家长和孩子一起锻炼头脑风暴能力的方法。定一个话题，家长和孩子不断提出自己的想法。穷极自己的想法，正是头脑风暴的意义所在。如果纠结于这个想法有没有意义，那么头脑风暴就失去了应有的作用。所以要不断告诉孩子任何想法都是没问题的。

任何话题都行，比如，想要在晚上9点上床睡觉，那应该怎么办？给爷爷买什么礼物呢？那个人为什么那么着急呢？没有正确答案的问题才能与孩子一起提出各种想法。你们还可以规定提出最多想法的一方获胜，或者每人至少提出5种想法等，让氛围更加热烈。

我曾经在我的"思考课堂"上向学生们提出了这样一个头脑风暴的话题："东京的惠比寿站堆了3个雪人。

为了让距离惠比寿站一站地的我在这个教室也能看见没有融化的雪人，应该怎么办呢？"学生们提出了不少想法，比如，买100根冰棒装进塑料袋，代替冰柜来装雪人；打一辆车，让司机把冷气开到最大……，但其中最让人叫绝的回答是把老师叫到惠比寿站。那位小学四年级的男生说："这个问题的关键点是让老师看到没有融化的雪人。所以把老师叫到惠比寿站是最保险的。"

孩子们的大脑真灵活，我在听答案的时候就不自觉地笑了出来。

不过，即使按照"帮助思考的3个步骤"做了，有时进展也不一定尽如人意。我想在本章的最后，与大家分享当进展不顺利时，应该有怎样的心态。

得不出答案，也无须担心

在日常生活中不停思考，有时会挑战没有答案的难题。假设孩子与你交流他的烦恼："我很难喜欢上A老师。我应该怎么面对A老师的课堂呢？"你们把握了事情的全貌，思考了理由，也从其他角度进行了思考，但还是无法回答"今后怎么办"的问题。

此时，如果孩子喜欢画画，那么画画可以作为一种手段。你可以说："想象一下，你和A老师在哪种感觉下是开心的。"让孩子画出这样的场景。家长可以先开始画画，告诉孩子："如果是妈妈画的话，也许开心的场景是这样的。"于是，孩子也跟着开始画画，也许从中可以得出"今后怎么办"的线索。

另外，当思考的东西过多而没有进展时，你也可以尝试写在纸上。把想法罗列出来，便于梳理和归纳。

有时，孩子有了答案却不愿意说出口。这时，为了让孩子开口，你可以温柔地询问孩子："能让我听听你的想法吗？"

我经常问孩子："人的想法是肉眼可见的吗？"也经常告诉孩子："无论我多么喜欢你，无论我多么了解你，无论我如何开动我的想象力，我也不能得知你全部的想法。因为我不能成为你。因为这个世界只有一个你，你是独特的存在。"

即便如此，还是无法得出答案的话，那就暂停思考吧！一味地催促孩子一定要得出答案，拼命思考，只会让思考变成一件痛苦的事情。思考这件事如果认真做起来，是很消耗体力的一件事。作为伙伴，你还有一个重要的职责，就是在这时候对孩子说："是嘛，还是弄不明白呀。那就算了吧，谁让问题太难了呢，我们就不想了。"

毋庸置疑，即便如此，孩子也在成长。何况，也许一年后，甚至是数年后，孩子终于找到了答案。为了孩子在未来某一天能够找到答案，请你多多抛出"提问"这个球吧！你抛出的这个球，也许能在重要时刻给孩子思考的线索。

第4章

培养孩子"思考"时
不能责骂孩子

当孩子说"不想做"时，
你会训斥孩子吗?

"不想做作业!"

"不想收拾房间!"

孩子对于不得不做的事情说"不想做"时，想用态度打动你时，你会怎样应对呢?

如何应对，才能让孩子自己思考，自己前进呢?

请你回忆一下我在前面章节中提及的内容，思考你会如何应对。

你是否会这样回答?

首先接受孩子。然后问孩子为什么不想做，接着问孩子不做的话会怎样，让孩子从其他角度进行思考。如果孩子说不想做的事情是"我们家必须遵守的规矩"的话，那么一定要让孩子去做。

很棒。

但是即便这样，有时孩子还是不能认同。虽然孩子也明白这个道理，但就是不听家长的话。

这时候，我一般会说："那你试着说服我。如果能说服我，你不做这件事也行。"

我这么说，不是表明我们向孩子"不想做"的理由屈服，也不是为了让大家学会妥协的话术。说"试着说服我"，是为了向孩子表达一个态度——如果你不认可这件事，那么我们就重新思考，沟通到底。这样一来，孩子也会认真对待这件事。

我将在本章和下一章介绍怎样思考才能解决麻烦，并将之变为孩子成长的养分。前面几章都是基础篇，接下来我们将进入应用实践篇。我会就每一个场景，在上一章介绍的"帮助思考的3个步骤"（第54页）的基础上，分享具体的提问技巧。

思考"麻烦"开心吗？

干砸了、受伤了、进展不顺利……思考"麻烦"并不是一件开心的事情。但是，如果认真思考的话，孩子就能切身感受到思考能推动事情解决，困难是能克服的。正因为是麻烦事儿，所以会拼命思考如何解决，拼命思考以后，就会自信地发现原来自己还能这样思考。

这份切身感受，以及爸爸妈妈陪自己一同烦恼、思考的过程，都会让孩子觉得开心。而且，孩子拼命思考后，思考能力得以提升，进而感到开心，这都能让孩子产生下次还想继续思考的心情。对于家长来说，看到孩子的成长和进步，也是一件非常开心的事情。

场景1："我不想做"

比如，孩子在接种疫苗时哭着说："我不想接种疫苗！"你可以选择同意孩子不接种疫苗，但是在接受了孩子不想接种疫苗的心情后，如果能实践帮助思考的3个步骤，那么哭闹的场景也能立刻变成思考的时间。

还记得帮助认真思考的3个步骤吗?

步骤1：理解

　　充分理解自己发表意见的对象

步骤2：形成一个初步意见

　　知道自己是怎么想的，并思考原因

步骤3：明确意见

　　进一步思考有无其他的思考方式，得出
让人信服的回答

　　如果孩子不想接种疫苗，你可以先跟孩子说没关
系，然后抱抱孩子。等孩子心情平稳下来后，你可以
先向孩子确认一件事："之前你接种疫苗的时候，是不
是说不疼呀？"这是步骤1：确认孩子是否理解了接种
疫苗是怎么一回事。然后问理由，形成一个初步意见：
"为什么不想接种疫苗呀？"这是步骤2。如果孩子说

他还是不想接种疫苗，这就是孩子的初步意见，所以要询问理由。最后再问："如果不接种疫苗的话，会怎么样呢？"这是步骤3：明确意见，进一步思考有无其他的思考方式。

就接种疫苗而言，如果你能与孩子进行这样的交流，孩子大多就会让步了，但也有孩子很固执的情形。

比如，明明应该是自己去还租借的图书，但是孩子不愿意，或者发脾气，拖拖拉拉。你可以义正词严地让孩子自己还，说："自己借的东西自己还，这是理所应当的！"你也可以试着运用以下的步骤。

家长："这本书是谁借的呀？"（步骤1：确认事实）

孩子："我。"

家长："这本书必须在哪天之前归还呢？"（步骤1：确认事实）

孩子："今天。"

家长："从我们家走着就能到书店吧？要走多久来着？"（步骤2：询问理由。确认孩子不想做的事情是否真的因为"厌恶做"）

孩子："5分钟左右。"

家长："是你自己说想借的吧？今天一定得还，是吧？5分钟就能到。很快的，你就去吧！"

孩子："……"

家长："为什么这么不愿意去呀？"（步骤2：询问理由）

孩子："……"

家长："你说实话，妈妈绝对不会生气。你说说看，为什么那么不愿意去呢？"

不弄清楚为什么孩子不愿意去的理由，就不能推进到步骤3。如果你接着使用之前谈到的"心情温度计"的方法，或者说了"妈妈不能看到你的想法，所以直接告诉妈妈吧"后，事情有了进展，那是再好不过的了。但有时孩子可能会变得愈发固执，如果孩子说了为什么不愿意去的理由，你可以接着说："不去的话会怎么样？妈妈是这么认为的……"

"试着说服我看看？"

孩子非常顽固，在其不愿意妥协的情况下，你可以试着说："那你试着说服我看看。如果你能说服我，不做也行。"哪怕是必须遵守的规矩，或者是一点儿小忙，如果孩子拼命反抗的话，我就一定会这样说："试着说服我看看？"

"不想做"也是一种意见。如果你说了"试着说服我看看"，孩子就会努力思考自己的理由有没有说服力，思考自己能否对"不想做"这个意见负责。

我这样说不是放任孩子，而是要传递给孩子一个信息："你如果都坚持到这份儿上了，肯定是有自己的理由，我想知道你的理由，并愿意认真与你交流。"

不过，既然你都说"如果你能说服我，不做也行"，那么你也应该有一个心理准备，即孩子如果说了很有说服力的理由，那么你也要改变自己的态度。大人得对自己说的话负责。

当你说了"试着说服我看看"后，大多数情况下，孩子会在认真思考后发现自己没有具有说服力的理由，最后不得不做自己原本不想做的事。通过抛出"试着说服我"这个要求，的确可以锻炼孩子的思考能力，而且孩子也从而认识到阐述意见是一场严肃的比拼。

当然，孩子也有可能说服你。在我的"思考课堂"上，曾经有一名小学三年级的男生，课间的时候，我对他说："你在复习，就不要坐得太靠后了，坐到前面来吧！"但是，男生坚持不想挪座位。我就说："那你试着说服我看看。"于是，男生指了指旁边的书包，说："这个书包对我很重要，我不想离它那么远。"那是一个看上去非常重的书包，我就问他："真的有那么重要吗？"他一脸认真地说："我一会儿要去奶奶家，书包里装了我想给奶奶看的玩具。"最后我说我知道了，自己走到了他旁边。

倾听孩子的"挑事儿"

孩子"不想做""讨厌"的主张中，一部分是无伤大雅的事情。

比如，对于每天晚上泡完澡后再吃饭这样的流程，孩子突然说："不想先泡澡再吃饭，想先吃饭。"这就是无伤大雅的事情。但是也别忘了，所有的"挑事儿"对于孩子而言都是一件大事。正是因为对他们而言是大事，他们才会烦恼，会反抗。

又或许，孩子烦恼的不是泡澡和吃晚饭的顺序，而是朋友或学校的事情。因为别的事情心里烦闷，于是就把这份无法释怀的心情通过不想先洗澡发泄出来。挑事儿是孩子发出的很重要的信息。正因为很重要，所以不能听任孩子。正因为是大事，才要与孩子一同思考。虽然家长在繁忙的日常生活中，无法做到认真应对孩子发出的每一个信息，但只要时间允许，还是请多多与孩子交流。关于不想去学校的情况，我将在其他章节中提及。

场景2："失败了"

比如，忘记带运动服去学校的情况。孩子年纪尚小，这是第一次忘记带东西，或者孩子平时不经常遗落物品，那么你只需要稍微叮嘱孩子两句即可，比如，你可以说："下次注意呀！为了下次不再忘带东西，我们可以怎么做呢？"

对于第一次的失败或是偶然的很小的失误，如果家长很严肃地敦促孩子认真思考的话，孩子也许就会害怕失败或是失误。但是家长也想让孩子多多体验失败，进而多多成长。当然，家长也是常人，也会生气。那么就给自己定一个规矩：只要不是伤害别人的事情，对于孩子一次、两次的失败或失误，都可以原谅，不能生气。

有时，家长认为不是什么大不了的事情，但是失败了的孩子觉得很受伤。这时，我经常会故意说："多好呀！失败了。"于是，孩子十分震惊地问为什么，我就反问："你觉得是为什么呢？"这就是思考的开始。

也许孩子会说："是因为我会思考下次如何不失败吗？"其实无论什么答案都好。只要孩子开始从其他的角度思考，意识到失败不是一件坏事，它也有好的一面，这就十分有意义。思考失败的好处，能让孩子从失败中学习到一些东西。

但是，反复在同一件事上失败，任谁也开心不起来。必须按照帮助思考的3个步骤，认真思考，从中学习。首先是步骤1。

"何时""何地""怎样"

通过梳理"何时""何地""怎样"，让孩子自己掌握失败的情况。不掌握失败的情况，就不能进一步思考如何避免再次失败。比如，对于总是迟到的孩子，要问清一般是什么时候迟到。

"为什么总是遇到这样的情况？"

假设孩子大多是早上上学迟到。那么接下来就要思考孩子为什么总是遇到这样的情况。深挖失败的原因，是为了解决问题。比如，问"为什么早上会迟到"，哪怕家长清楚原因，也不要直接说出来。请让孩子自己思考，这样才有意义。

"原因背后的原因是什么？""还有其他原因吗？"

孩子说早上起不来时，家长可以先说"嗯，确实是这样"来接受孩子的说法，进而与孩子一同思考为什么会出现这个原因。

人们的行为背后，有各种各样的原因和情况，错综复杂。一般来说，仅一个原因不总是会导致失败，孩子得出的原因背后大多还有其他原因。

关于为什么出现那个原因，你可以问："为什么早上起不来呢？"得到回答后，接着温柔地问孩子："早上迟到的原因仅仅是早上起不来吗？"

与同类事物相比，分享自己的经验

洞察容易失败的原因这件事，对于大人来说都非常困难，对孩子来说便更是如此。所以，在孩子思考为什么总是重复同一个失败时，家长需要给出一些启发。启发孩子的技巧就是：与同类事物比较，分享你孩提时代的经验。

与同类事物比较时，应将失败的情况与相同条件下没有失败的情况相比。比如，如果孩子经常遗落物品，你就可以问："你总是忘记应该要带到学校的东西，但是学校举行活动的时候就不会忘。妈妈觉得那时候的你真棒！不过，为什么你在学校举行活动的时候就不会忘记带东西呢？和平时有什么不同吗？"

你也可以与孩子分享你的经历："妈妈小的时候也

经常忘东西，我忘记过店家找我的零钱。买了学习用品，给了钱，然后由于过于开心，就完全忘记了店家要找钱给我这件事。"

与同类事物比较，分享自己孩提时代的经验，都是为了营造一个能让孩子继续深入思考的环境，同时也能让孩子的心情更放松。

不仅是失败，在思考麻烦事儿时，不逼问是非常重要的，太想敦促孩子思考，就容易变成逼问的口吻。督促思考和逼问是不同的。一旦逼问，孩子就容易紧张，哪里还有精力去思考呢？为了让孩子认识到麻烦事儿和失败没什么大不了，你可以帮助孩子回忆曾经非常顺利的成功经历，可以告诉孩子你也曾有过这种失误，让孩子在一个放松的状态下进行思考。

较好地掌握了失败的原因后，下面进入步骤2。

"那怎么办呢？""为什么这样做就能解决呢？"

在步骤1中，我们思考了迟到的原因，假设最后得到的结论是：迟到一般发生在早上去学校的时候，因为起不来床，吃早饭又磨磨蹭蹭的。那么，早上如果能早点儿起床，尽快吃完早饭，就不会迟到了。

接着，就要思考减少失败的初步解决方案。这就是步骤2："形成一个初步意见"。为了让孩子思考初步的解决方案，你可以问孩子："早点儿起床，快些吃完早饭，就不会迟到了，对吧？那么，要怎么做呢？"

如果孩子说那就比平时早起30分钟，你就可以接着问孩子理由，问他为什么那样做有效。比如，早30分钟起床为什么就能不迟到了呢？虽然你可能十分清楚理由，但在这里，请你不要把理由说出口。

得出了初步的解决方案和理由后，下面进入步骤3。

"还有其他解决方式吗？"

思考失败时，能想到多少克服失败的对策至关重要。这能让孩子在各种尝试中思考最优解。这时你可以问孩子："还有其他解决方式吗？"

把其他解决方式写到纸上。你可以让孩子写，也可以自己写。写出来，既可以记录你们进行了这样的思考，也可以当作是实践的备忘录。

可以像下面这样记笔记。在这个阶段，你可以列出孩子说出的所有方法，包括在步骤2中提及的方法：

1. 早起30分钟。

2. 在30分钟内吃完早饭。

3. 减少早饭的摄入量。

4. 过了5分钟还不起床，就让妈妈再叫最后一次。

关于其他解决方法（除了早起30分钟），询问为什么那个方法是有效的，无须记录理由。

"妈妈是这么想的……"

虽然孩子提出的很多方法可能有漏洞，但是在孩子倾尽全力想出解决方案时，请不要说那是不可行的来否定孩子。孩子自己思考，自己攻克难关才是最重要的。

孩子想出自己能想出的所有方法和理由后，家长再共享自己的经验。你可以说："妈妈是这么想的，减少早饭的摄入量的确可以缩短吃早饭的时间，但是这样一来，你很快就会肚子饿，就没有力气了。这也不好办吧……"

请注意，在分享自己的经验时，要把结论（不好办吧）和理由（早饭少吃些会肚子饿）说清楚。

"实践哪个解决方案呢？你自己决定！"

假设参考了妈妈的经验后，认为除了"方法3"之外，刚才写在纸上的方法都是可行的，那么就让孩子自己决定要实践哪个方案。

如果由家长决定的话，万一到时候进展不顺利，孩子也许就会找借口说："我只是照着妈妈说的做。"应该让孩子有这样一种感觉：因为是自己思考、自己决定的事情，所以我要好好做。当孩子决定以后，记得跟孩子确认"这是你自己决定的，好好做"。

当然，哪怕是孩子自己选择的方案，也可能会有进展不顺利的时候。那时，你可以帮助孩子尝试其他的方法，或者调整原来的方法。比如，孩子选了在30分钟内吃完早饭，但如果孩子无论如何都不能在30分钟内吃完早饭，那就把吃早饭时间修改为40分钟，然后将起床时间提前10分钟。

无论是大人，还是孩子，做一次就成功的情况不多。尝试了各种方法后，如果还是进展不顺利，那么家长与孩子就继续交流、继续解决。

也可能有孩子会担心进展不顺利怎么办，又失败了怎么办，这时候，家长只需大胆鼓励即可。我一般会说："进展不顺利也不用担心，妈妈看到了你的努力，放心吧！"

与朋友说了不该说的话等比较严重的情况，也可以按照同样的流程来思考。步骤1中，使用"5W1H"的方法，客观把握发生了什么，然后再使用步骤2和步骤3。

你认真注视过孩子吗？

我女儿忘性比较大，好几次都丢了很重要的东西。虽然我们尝试了不少方法想让她改掉这个毛病，但是效果都不是很好。正当我们母女打算放弃的时候，发生了一件事。当时，9岁的女儿在客厅画画，我招呼她，她好像没有听见，我叫了好几遍她的名字，她才终于察觉到了我的存在。但是过了一会儿，女儿就开始阅读手边的一封信，非常沉醉，居然把刚刚画的画忘得一干二净。

这时候，我好像终于理解女儿的忘性了。我一直知道女儿是做什么都很集中精力的性格，但没想到她对一件事情能集中到这个地步。所以，我对女儿说："你总是忘记东西也是没办法的事情。我刚才突然明白了。因为你做什么事情都很沉醉，做这件事的时候看不见别的事，自然也就会忘记别的事。做什么事情都很沉醉是一件很棒的事情！不过正是因为如此，你才总忘东西。虽然没办法，但是如果不改一改这个习惯，你以后也许会丢掉钱包，忘记别的重要的东西。所以，从现在开始，我们在能力范围内一点一点地改掉它，好不好？妈妈会一直为你加油的。"

家长经常能通过孩子理解一些事情。但是，也许有的家长就只是停留在"想要理解"的阶段。

我那天切身体会到了认真关注孩子的重要性。你都没有好好关注孩子，有什么立场评价孩子呢？注视、了解、认可，真的十分重要。那天，女儿睡前跟我说："妈妈，你能这样看待我老忘记东西这件事，谢谢你。我真的很开心。"

从那天起，女儿忘记东西的情况奇迹般锐减，能做到不忘记东西、独立思考、积极行动。又或许，女儿因为认为我没有好好关注她，于是她感到不安，所以想去直视自己的不足。

场景3："在大型活动前很紧张"

运动会、文艺演出、入学典礼……随着大型活动的临近，孩子比大人想得还要紧张。

上舞台前紧张绝对不是一件坏事。紧张是想要拼命努力的表现。有的孩子甚至因为紧张而颤抖、哭泣，因为想拼命努力而紧张到这份儿上的体验，不也很棒吗？你可以告诉孩子"紧张"是一件好事情。

但其实孩子本人是痛苦的。那么请家长帮助孩子一同思考吧！

"担心什么呢？""你要做什么来着？"

首先，按照步骤1的方法进行事实确认。问孩子因为什么事情而紧张，在活动上要做什么。比如，孩子在运动会前紧张，你就可以问孩子："担心运动会的哪部分呢？运动会上你要做什么来着？"

关于担心什么，有时孩子是知道的（比如担心自己能否把舞蹈跳好），但有时孩子自己也不知道在紧张什么。如果孩子无法回答为什么担心，那就稍微问几句孩子在那个活动上要做什么即可。思考的事情过多，反而会更紧张。

"为什么紧张呢？"

接着进入步骤2。温柔地询问孩子是否还在紧张。比如问："努力练习舞蹈了吧？是因为跳舞而紧张吗？"

然后询问孩子紧张的理由。孩子说出"我担心跳舞不太顺利"这种程度的理由就足够了。

然后在最后的步骤3中，通过两个提问，让孩子缓解紧张。

"如果进展不顺利，怎么办？"

先鼓励孩子："你肯定没问题，绝对会顺利的。"然后再问："如果不顺利的话会怎样呢？"

孩子大概会说："咦？好像什么也不会发生。"

是的，如果进展不顺利，也许孩子会觉得懊悔和惭愧，但是其实就算失败了，大多数情况下也没什么大不了的。孩子认真思考一番，自己就会明白其实什么也不会发生，也就可以松一口气。

我儿子现在就是如此，从运动会前的一个月起，就开始紧张，起荨麻疹。然后自从他明白了万一进展不顺利也什么都不会发生后，他的笑容回来了，荨麻疹也消失了。

还有一个提问方式与刚才的方式类似，"担心这担心那，想到什么好点子了吗？"你要把孩子拉回现实。孩子大概会说"没有"，此时你再告诉孩子，担心了也想不出好点子，所以还是不担心比较好。

"如果你是坐在观众席上的人……"

还有一个很有效的发问："如果当天不顺利，你觉得坐在观众席上的妈妈和你的朋友们看到后会怎么想呢？"帮助孩子脱离站在舞台上的身份，转换到观众这个立场。

其实让孩子想象观众席，可以让孩子更清晰地把握活动场景。你可以问孩子："假设你去看小A的芭蕾舞表演，小A在舞台上摔倒了，你会怎么想呢？"

孩子可能会说"加油""好可惜"，然后，你就可以接着说："那么你也是一样的。即使当天你不太顺利，大家也不会觉得你有什么问题，而只会站在你这边，为你加油。所以，放心吧，别担心。"

请别忘了孩子每天都很努力

孩子每天都在不断面临新的挑战：新环境、新烦恼、新的学习内容……即便是习以为常的课堂和练习，也会出现各种新的挑战。孩子就是在这样充满挑战的环境中，每天拼命地努力着。

也许你会觉得这很正常。但有时我们会忽略这一点——用大人的标尺去衡量孩子。我自己有时就会这样。如果这样，我们就无法真正理解孩子，并接受孩子了。

场景4：“弟弟/妹妹太过分了”

有许多孩子觉得爸爸妈妈更宠爱弟弟或妹妹。弟弟或妹妹一直霸占着爸爸妈妈。然后家里小一点儿的孩子又会吐槽："都是哥哥或姐姐占便宜。"这时，我们可以参考步骤3，与孩子一起站在兄弟姐妹的立场上思考。而且，也可以将步骤3运用于丧失了自信的孩子。

"你什么时候会这么想呀？"

首先是步骤1，确认事实。确认孩子对于哪点有意见。

比如，姐姐认为爸爸妈妈更宠爱弟弟，你就可以温柔地问姐姐："你什么时候会觉得爸爸妈妈更宠爱弟弟呀？"

家长觉得孩子不满的方面，与孩子实际不满的方面也许是不同的。所以，请让孩子具体说出难受的场景。如果孩子有误会，那么等孩子说完后，你可以进行纠正："你是这样感觉的呀，难受了吧？但是呢……"

孩子说"太讨厌了"，其实是在发泄讨厌爸爸妈妈的情绪，所以一定要为孩子创造一个轻松的交流环境。花一些心思，使用"心情温度计"，或者告诉孩子："无论你说什么妈妈都不会生气的。妈妈想知道你在想什么，在苦恼什么。你能告诉妈妈吗？"

"为什么这么想呢？"

知道了孩子不满的方面后，进入步骤2。你可以询问孩子原因："为什么你觉得弟弟过分呢？"可能孩子在步骤1中就已经袒露了一些原因了，那你就再确认一次。

假设孩子的回答是："弟弟总是霸占着妈妈，我经常忍着。很多事情都是我一个人完成的，但弟弟就因为年纪小，都是妈妈陪着一起完成的，甚至很多都是妈妈直接代劳的。"得到某种程度上明确的理由就可以了，无须深挖。

"请想想自己一个人能做什么。"

步骤3要做的，是帮助孩子脱离"我吃亏了"这一负面视角，转换为"我如此棒"这样正面的思考角度。

对家里小一点儿的孩子更上心，或者更多关注家里的考生，这无可厚非。但如果切换一下思考角度，这些无可厚非的事情也有积极的一面，没有什么事情是只有消极的一面。

对于觉得只有弟弟或妹妹被宠爱的、大一点儿的孩子，家长可以说："你已经这么大了，所以很多事情都不需要妈妈帮忙了。你想想，你自己一个人完成了哪些事呀？"对于觉得哥哥或姐姐太过分了的、小一点儿的孩子，家长可以说："你想想，平时大家都帮助你做了哪些事情呀？"

"你有许多很棒的品质。想想自己做到的事情、擅长的事情有哪些？"这样的提问对于丧失自信的孩子也非常有效。

在教育大一点儿的孩子的时候，有的家长会说："因为你是姐姐，你就忍让一下。"也有的家长会说："他是弟弟，这是应该的。"但希望大家尽量不要这么说。也许大一点儿的孩子应该多忍让，但是如果你直接这么告诉孩子，可能会加剧孩子的反叛心理，孩子会说："我又不是自己想当姐姐的。"

换成是我,被说"因为是姐姐,所以要忍让"。我也会不舒服,感觉自己没有被当作一个独立的人来看待,而只有姐姐这一个身份。

"全部有几件?"

在孩子思考"能做的事情"或者"别人帮助过我的事情"的时候,我建议可以让孩子写在纸上。如果孩子还不会写字,那么可以孩子说、家长写。

孩子到了一定年纪后,可能会觉得自己换衣服这种事情过于平常,就不用纳入"能做的事情"范围内。我的女儿就是这样。我说:"写出你能做的事看看。"她难过地告诉我只能写出3件事。我就告诉她:"不是的,每天你自然而然在做的事情,其实都是你'能做的事情'。换衣服、准备上学用品等,这些事情你以前都不会的。你努力后,才学会做这些事情。是吧,是不是很厉害?所以,请把你现在觉得极其平常的事情也写出来吧!"

孩子写出了这份包含极其平常的事情的清单后,你再问孩子全部有几件。这是为了让孩子更明确地知道原来自己能做这么多事情。

我的女儿非常吃惊，她竟然列出了38件事。其实数字的多少无所谓，5件也好，50件也好，但你都要充分地肯定孩子："你能做这么多事情，这不是很棒吗？妈妈觉得你真棒，你长大了。"

这并不是演出来的，这是用心感受孩子出生、成长的好机会。孩子列出别人帮助过自己的事情后，你可以告诉孩子："这么多人给过你帮助，这真的很棒。大家为什么都这么帮你呢？"

充分肯定孩子后，你可以接着跟稍大些的孩子说："你能做这么多的事情，证明你已经长大了。长大了，开心的事情和能做的事情也都增多了，那么相应地，你也要学会忍让一些事情。你羡慕弟弟的心情，妈妈了解了，今后会注意的。但是你就是你，妈妈希望你不要总是跟弟弟比较，你要告诉自己'我就是我，我很棒'。"

然后，你可以对稍小些的孩子说："这么多人帮你做了这么多事情。这是因为大家都喜欢你。所以你不觉得你的每一天都很美好吗？不过妈妈今后也会注意不对哥哥特殊对待。"

每个人都很特别、很棒，所以不要攀比

如果家里有几个孩子，不可避免地会将孩子进行比较，或者把自己家孩子与别人家孩子进行对比。大家是否想过这些问题：哥哥能做，但是为什么弟弟做不到？为什么我们家孩子不像小A那么懂事呢？等等。

不要去攀比。每个人的性格、才华、想法都是不同的，这一点无须多言。每个人都是独特的，都有自己存在的意义。如果所有人都很能干、成绩很好，那么这个世界也许会变得很无趣吧！

承认孩子的个性，就不要去攀比。家长一旦攀比，孩子能很敏感地察觉到这一点。一旦察觉，就可能会丧失自信。不去比较，可以传递给孩子一个信息："你就是你，你很棒。即使你有很多不擅长的事情，但你在爸爸妈妈眼中就是不可替代的。"

那么，怎样对待孩子的个性呢？我将在下一章与大家探讨。

第 5 章

走近烦恼中的孩子的对话技巧

对于孩子们的吵架，你是否总是用"和好吧"来了结？

　　紧接着上一章，本章的主题是：对于孩子的烦恼，家长与孩子应该如何思考？

　　本章涉及的场景有"吵架""讨厌某人""不想练习了""不想去学校""想克服不擅长的事情"。每一个场景对于锻炼孩子的思考能力，帮助其成长来说都很重要。

　　比如，吵架的时候。

　　最好的方式其实是静候吵架中的孩子自己解决，但是如果孩子吵个不停，还是需要家长出面。

　　当然，这不意味着家长要评判吵架的输赢。

　　吵架其实是孩子正视自己的心情，体谅对方心情的千载难逢的好机会，也是学会对自己的意见负责，掌握讨论技巧的好机会。

家长需要设计提问，帮助孩子抓住这些机会。包括吵架在内的其他场景，如何进行更加有效的提问，我将以"帮助思考的3个步骤"为基础，与大家分享提问的技巧。

看到自家孩子总吵架，也许家长会担心孩子是不是过于强势了……

培养孩子真的很难。但正因为很难，并且没有唯一正确的模式，所以家长才要自己思考，得出自己的方法。如果其间感觉累了，可以稍微切换视角，重新思考。

我将在本章分享"给家长的思考方式"，可以让家长在疲惫时稍微放松一下。

场景5："孩子们吵架的时候"

假定是兄弟姐妹间吵架，或者与一同玩耍的小伙伴吵架的场景。

> "跟我解释一下发生了什么？"

步骤1，先与孩子一起了解吵架的全貌。不管家长是否已经事前了解了吵架的大致经过，请把当事人召集到一起，问大家发生了什么。

召集全员谈话，可以传递给孩子你对所有人都一视同仁的信息。而且视角越多，就更容易把握事情的全貌。大家一起谈论这件事，也许孩子会发现自己对整件事的理解有偏差。

比如，小A和小B吵架了。小A说小B装腔作势，小B说没有。

如果双方出现分歧，那就向孩子确认"真的装了吗？装腔作势是哪种感觉？"等，听孩子如何解释。听着听着，你就能慢慢看清事情的真相。

吵架过后，孩子容易感情用事，听不进别人的话，而只顾着抒发自己的感受。这时，你要问孩子别人说话的时候应该怎么做，让孩子想起"不打断别人说话"这条规则。

听孩子汇报时，你也可以选择再现吵架过程，收集客观信息。正如我在第3章分享的，将事实和意见区分开来，运用"5W1H"法提出不明朗的点，比如，你说那番话是怎样一个感觉？尽量客观地把握事情的全貌。

接着，我们再来思考姐弟吵架的情况。

最开始两人愉快地玩耍，但是之后两人玩腻了，就想玩一些别的。弟弟说跳绳吧，但姐姐不太乐意。过了一会儿，姐姐提议："别跳绳了，我们玩牌吧！"弟弟就很生气："我不想玩牌！为什么你总是反对我的提议呢？"姐姐也不服软："我没有总是呀！你自己不也是反对了我的意见呀！"

家长与孩子在思考吵架情况的时候，可以采用"帮助思考的3个步骤"的改版，稍微调整一下原来的顺序，原来是：理解，然后形成一个初步意见，最后从其他角度思考，由此得出满意的回答。但是如果是吵架的情况，可以跳过步骤2，直接从步骤1跳到步骤3。

即使通过步骤1已经掌握了事情的全貌，但是因为刚刚吵过架，所以很难马上进入思考模式。确认了事实后，应该帮助双方解开因为吵架而产生的误会。这时，可以直接进入步骤3，从各个角度提问，询问孩子的意见和理由。

为了解开双方因为吵架而产生的误会，可以站在对方的立场思考，想一想原本的目的。

站在对方的立场思考

"怎么样？心情如何？"

还是以刚才姐弟吵架为例。

首先向每个孩子确认生气的点在哪里。比如，你可以问姐姐："是不是不喜欢弟弟说他不喜欢玩牌呀？"然后你问弟弟："是不是因为你说了跳绳，然后姐姐反对了呀？"确认了之后，你可以跟孩子们说："那我们现在换到对方的立场想想吧！"

你光说"对调"，可能孩子还一头雾水，所以你应该详细说明。比如，你可以对姐姐说："如果你提议了跳绳，然后对方一脸不情愿，并且说想玩牌。你觉得自己的想法总是被否定。"然后对弟弟说："如果你说比起跳绳，你更想玩牌，然后对方突然生气了。"进而你问两个孩子："怎么样？你们会是什么心情？"

　　站在对方的立场重新思考，大多数情况下，孩子会意识到自己的言行并不得体。然后被问心情如何后，孩子为了挽回僵局，大多会做出"我会不爽"等回答。为了让孩子能认真思考，请别忘了在询问孩子心情如何的同时，也问问理由。

"那么该怎么办呢？"

　　如果弟弟站在姐姐的立场思考后，说："别人如果这样对我，我会不舒服。我会觉得你没必要那么生气。"那么你可以先接受弟弟的观点，然后再问弟弟："那么该怎么办呢？"

　　得不到回答也没事。这个提问的目的不在于得出对策，而是希望孩子能从"怎么办才好呢"这个问题出发，努力理解对方的心情。当然，若是孩子说了"我当时不那么生气就好了"之类的话后，你应该先说"是呀，你这个想法真棒"等来肯定孩子。

想一想原本的目的

"不过，你原本想要干什么呢？"

最开始明明是开心玩耍的，结果没想到吵起了架，所有事情开始跑偏。回想吵架前，姐弟俩的目的原本只是来定一下玩什么。所以，你可以再询问孩子："你原来是想干什么呢？"

问这句话是为了让因为吵架而心生嫌隙的孩子可以再一次想起对方的重要性。思考原本的目的，可以让发热的头脑冷静下来。

大多数情况下，被问了"你原本想干什么"后，孩子会恍然回过神。我们家就经常这样，我一问，孩子肯定就会意识到："啊……我原本只是想一起玩。"

"那么该怎么办呢？"

消除了误会后，继续问孩子："那么该怎么办呢？"

孩子可能会说："我要认真决定接下来玩什么。"然后他们开始对话。我觉得大家应该将吵架过后的和解过程交给孩子。

假设对话的结果就是孩子决定玩学校版过家家，那么你可以问："要玩学校版过家家是吧？你不会反悔了，又想跳绳的，对吧？如果一会儿玩得不太顺利，你也不会生气吧？你对自己决定的事情能负起责任吗？""玩学校版过家家"是大家经过吵架、思考、对话等过程才得出的意见。所以即使觉得有些啰唆，也要确认孩子是否能对这个意见负责。

经过这样一番对话后，孩子能切身明白吵架时可以通过对话解决的这个道理，同时也学会了对自己的意见负责。

从吵架中学会讨论

吵架也是学习讨论技巧的好机会。

讨论中的一个大忌就是转移话题。大家注意到刚才姐弟俩在对话中转移话题了吗？

弟弟："我不想玩牌！为什么你总是反对我的提议呢？"

姐姐："我没有总是呀！你自己不也是反对了我的意见呀！"

在讨论接下来玩什么的时候，弟弟说不想玩牌而否定了跳绳的方案，但是问题出现在接下来的对话中。弟弟说："为什么你总是反对我的提议呢？"姐姐说："你自己不也是反对了我的意见呀！"话题已经从原来的"玩什么"变成了"有没有否定对方的意见"。话题变了，原来说的话题也自然无法继续了。

如果孩子们在你的眼前吵架，并转移了话题，你可以试着问孩子们："你们是否转移了话题？现在的对话跟刚才的对话没有关系吧？你们原来在讨论什么来着？"这样不仅锻炼了孩子的辩论能力，也可以帮助孩子时刻围绕着自己最初的话题进行对话。

思考中不能做的事情

吵架的时候，孩子可能会说自己是绝对正确的，但是孩子说的大部分都只是一己之见……

如果孩子说："我说的是绝对正确的。"你可以说："你说的只不过是你的意见，没有绝对正确的意见。"让孩子认识到世界上没有绝对正确的意见这一点。

绝对正确的背后其实隐藏着无须倾听别人发言的想法。你也可以告诉孩子："通过与别人交流，意见会变得更棒！"

如果孩子说"对方绝对觉得"，你也得教育孩子。你可以只说："对方想的事情，你全部知道吗？全部能看到吗？"你也可以说："你不能成为别人，那你为什么断定对方肯定是这样想的呢？"从而传达给孩子每个人都是独特的这件事的意义。

场景6："讨厌小A"

"小A做了什么？""说了什么？"

首先是步骤1，确认事实。询问孩子"讨厌的朋友"做了什么，说了什么，哪一点讨厌等（询问"讨厌的老师"也可以用这些问题）。

如果孩子说得非常笼统且有些极端，比如，他总是很自私，小A总是自以为是，等等。那你就要问问孩子："真的是这样吗？"但是除此以外，这个阶段也不一定非要看清小A的全貌（把握全貌的这个环节留到步骤3）。

当孩子发表了"小A总是自以为是"这种言论后，你先别急着说这是他的意见，而是应该让孩子倾吐出"讨厌"的心情。这并不是为了鼓励孩子去讨厌某人，而是为了先接受孩子的心情。

生活中难免会讨厌某个人。希望家长能让孩子思考，并传递给孩子一个信息："讨厌某个人是难免的。但关键是如何处理这份心情。"

"为什么讨厌呢？"

接下来进入步骤2。请把这一步认为是发泄讨厌情绪的延续。讨厌只是初步意见，所以对此还要继续问孩子为什么讨厌。也许步骤1中你或多或少会了解孩子讨厌某个人的理由，但请再确认一次。倾吐之后，也许孩子会说："也说不上讨厌，就是……不太喜欢。"那么你还是要问孩子为什么不太喜欢，要先接受孩子的情绪。

有时可能你也问不清楚孩子讨厌某个人的理由，孩子也说不清讨厌的理由，但就是讨厌，这让人很有压力。

如果孩子说："不知道，就是讨厌。"请你一定要帮助孩子说出理由。如果你认识孩子讨厌的人，比如小A，那么你可以在脑海中整理自己所知道的信息，以及在步骤1中孩子告诉你的信息，与孩子谈论一番你眼中小A的全貌。

比如，你可以说："也许小A比较希望被大家关注。"以你的话为线索，孩子也许也会发现："对，我不舒服的可能就是这一点。"请注意，一定不要下定论说小A是怎样的孩子。

> **"我们再看看小A的优点吧！"**

接着进入步骤3。之前说的都是小A的缺点，接下来请关注小A的优点。"我知道你讨厌小A这件事了，但是小A不是只有缺点吧？没有人只有缺点的。我们来说说小A的优点呀！"

孩子经常会形成"讨厌的人=绝对的坏人"这个思维定式。让我们通过思考打破这个思维定式。

你可以让孩子在纸上列举讨厌的人的优点。这是为了让孩子能在视觉上直观地明白一件事情：如果拼命思考的话，从我眼中的"恶人"身上，也可以找出这么多优点呢！

如果孩子实在找不出优点，你也可以提示其他思考角度。我曾经与一名小学四年级的女生一起思考她老师的优点，她觉得那位老师很严厉又无趣。女生很执着地认为那位老师身上没有优点，于是我告诉她："严厉这一点，在你眼里也许是'缺点'，但是对于同样身为老师的我来说，我认为这绝对不是坏事。你觉得这位老师严厉在哪里呢？训斥方式？性格？"孩子这才意识到：

"大概是教学方式……但是认真教书就是那位老师的优点呀！"

寻找不喜欢的人的优点，就是要努力理解那个人，也是让只看到了"缺点"这一面的自己拓宽视野。

但是无论怎么努力，有时也无法喜欢上那个人，那也没关系。如果看到了这个人的优缺点后还是讨厌他，那就作罢吧。也许是他身上的缺点太多，也许是气场不和。但注意到别人身上的优点后，应该就会相应减少厌恶的心情吧！

要让孩子学会不轻易下定义，努力去理解别人。

场景7："不想练习，不想去学校"

"为什么不想去呢？"

当孩子说不想练习、不想去学校的时候，孩子不想去的心情一般已经很强烈了，所以先接受孩子当时的心情，然后再问为什么。也许明明什么也没发生，孩子只是觉得麻烦或者腻烦了才说不想去而已。

询问理由后，我们就大概能知道发生了什么。这个场景下，我们可以同时使用步骤1和步骤2。

假设小B说他不想去游泳班，询问理由后，他是这么回答的。

"因为有同学笑话我。有两个人指着我偷笑。"

仅凭这句话，事情还不明朗，为了能掌握事情的全貌，你可以采用"5W1H"法，温柔地向孩子提问。

也许孩子是觉得去游泳班的路途很遥远，但是如果说了实话会被责骂，所以就稍微撒了一下谎，我小时候也经常这样做。

先不说孩子有没有撒谎，家长首先应该做的就是多听听孩子的意见。哪怕孩子说的理由中有撒谎的成分，但是不想去的这份心情是真实的。

另外，有时孩子也会如实告诉家长不想去的原因，比如，有想看的电视节目，想多打会儿游戏，等等。虽然这时候家长会想立即反驳，但是请尝试上一章介绍的方法：试着说服我看看。

"你跟对方好好聊过吗？" "你跟老师说了吗？"

掌握了事情的全貌后，孩子要确认自己是否已经完成了应该做的事情。

你可以向孩子询问："你跟对方好好聊过吗？"或者你问孩子："你跟老师说了吗？"问孩子有没有向嘲笑他的两个孩子说"不要笑"，有没有跟老师说自己烦恼的事情。

如果孩子还没有做这些本应该做的事情，你就可以鼓励孩子："那先跟那两个同学聊聊吧。你不聊的话，对方就不能知道你不舒服这件事情。如果聊了以后，对方还这样，那你再向别人求助。你可以来找妈妈聊。但是，首先要去做你应该做的事情。"

接下来，我们进入步骤3。

"如果继续这样，你能忍吗？"

完成应该做的事情也需要勇气。因为有时你很难判断这是否是你应该要做的。小B可能就会觉得与其去找欺负自己的那两个人聊，不如自己忍着。

是忍耐，还是去做应该做的事情。孩子必须正视自己的心情，得出自己认同的答案。这时，我们可以问孩子："如果现在的状态继续下去的话，你能忍吗？"而不是直接说："你不觉得你要先做应该做的事情吗？"

应该做的事情到底要不要做呢？孩子肯定是去做应该做的事情比较好。但再正确的答案，如果孩子不想做，那么不做也罢。如果因为没做而发生了比较严重的后果，那孩子也会觉得是他自己决定不做的，怨不得别人。

如果不想做，但因为是正确答案，所以还是去做了，然而最后进展不顺利，这时孩子很可能就会觉得"我明明不想做的"，进而把责任推卸到别人身上。如果从"自己思考，自己得出答案，自己负责"这一原则上来看，上述的做法是不可取的。

不想去游泳班（或者学校），对孩子来说是一件重要的事。所以必须让孩子正视自己的心情，做好自己得出答案的觉悟。这样，孩子也能增加自信。

你可以告诉孩子："如果现在你还能继续忍受下去的话，那你就不用采取行动。但如果你不想继续的话，就请先去好好做你应该做的事情。"

为了让孩子得出他们认同的答案，可以问孩子"如果忍着会怎样""如果和对方聊了会怎样"等来帮助孩子预测未来。

我经常和中小学生以及再大一点儿的孩子说："想一想，当你变成老爷爷或老奶奶的时候，回顾这一生，你会不会后悔，觉得要是小学的时候能跟对方好好聊一聊就好了。"这也是一种预测未来的方式。

而且你可以告诉孩子："仔细想想你想做什么。现在不马上回答也行，得出答案后再告诉我。"

孩子得出答案后，再次确认孩子能否对该答案负责。不管孩子是选择忍受，还是做应该做的事情，你都要告诉孩子既然决定了，就要努力，在背后助推他们一把。

> "不去的话会怎样？""这样做开心吗？"
> "为什么要这样做？"

做了一番努力后，如果孩子还是说不想去，或者还下不了决心去还是不去，那么你可以试着问3个问题："不去的话会怎样？游泳班（或者学校）有什么开心的事儿吗？为什么要去游泳班（或者学校）呢？"

如果问孩子不去会怎样，孩子就会思考不去的话会产生什么后果。问孩子游泳班（或者学校）有什么开心的事儿，就能让孩子除了看事物消极的一面，还会去看事物积极的一面。

问孩子为什么要去游泳班（或者学校），这是让孩子决定最终去还是不去的关键一问。孩子必须要认识到为什么要去，是否有必要去。

当孩子说不想去游泳班（或者学校）的时候，家长也应该思考为什么想让孩子去。

这也是一种"我们家的规矩"。你认为孩子能停止这项练习吗？想让孩子努努力继续练习吗？没来由地光说"你得去"，这是没有说服力的。请认真思考作为家长，你想做的事情。

我儿子上小学后不久就哭闹着不想去上学，好像是被紧张的情绪和学校的新环境击垮了。当时，我思考了自己作为家长希望孩子怎么做，并且问了上述3个问题。我希望他坚持住，适应新环境，于是我就跟儿子进行了如下对话。

我："我也想说今天不去学校也行。但如果今天不去学校的话会怎样呢？是不是明天不想去就可以不去了，后天也不想去就不去了。可是，为什么大家都要去学校呢？"

儿子："为了会写字，为了学习，为了交朋友。"

我："是呀，你说得没错。那如果不去学校的话，会怎样呀？"

儿子："学习会一落千丈，也交不到朋友。"

我："上学有什么开心的事情吗？"

儿子："……书包很帅气。"

我："哪怕只想到这一件事儿，也很棒！也许学校还有更多开心的事情等着你。你还只上了1天学，如果今天休息了，也许你就再也无法知晓学校有什么开心的事情了。这也太可惜了吧！"

我说得稍微有点儿牵强，但是儿子说他再想想，最终还是去了学校。儿子大概也认真地思考，最终认同了我说的话吧！

自己决定的重要性

一定让孩子自己决定去还是不去，要不要继续练习。这样，哪怕最后不顺利，孩子也不会把问题归咎于他人。明明是自己的事情，明明可以自己思考的，却让别人做决定，最后再把问题怪在别人身上，这样难免有些可悲吧！多向孩子确认是否可以对自己决定的事情负责任。

一定要夸奖孩子自己思考、自己负责任、自己做决定这件事。大人要做到自己思考、自己做决定都不是一件简单的事情。另外，为了让孩子知道不是只有他一个人在努力，请这样告诉孩子："放心地按照你决定的去做，如果不顺利，随时向妈妈或者周围的人求助就是了。尽力了之后再求助，这一点儿也不丢人，反而是很棒的一件事。没问题的，大家都很支持你，放心去做吧！"

场景8："想要克服不擅长的事情"

可能很少有孩子会自己主动说想克服不擅长的事情，想改正缺点，但也许被老师指出了问题后，孩子会觉得为什么自己不能认真听讲。或者如果家长不经意间讲的一句话，让孩子意识到问题，请一定要尝试与孩子进行我接下来要介绍的对话。这可以让孩子更加喜爱自己的某种个性。

在这个场景中，我们不按照"帮助思考的3个步骤"走，而是利用这3个步骤的要点"理解""意见""其他思考角度"进行提问。

个性是什么？

假设小D是个无论什么事都要严格按照时间表完成的女生。什么事都要严格按照时间表完成是小D的优点。但是小D有些性急，这是她的缺点。

我们经常用优点和缺点来评价孩子。看到孩子的优点，就说那个孩子是个好孩子，看到缺点就说那个孩子真让人头疼。但是，孩子当然不是每次都能成为"好孩子"或"熊孩子"的。

是优点还是缺点，取决于某种个性在不同场合的呈现方式。优点和缺点都是独立存在的，不可能长期在一个人身上一成不变。某种个性在有的场合下是优点，但是在其他场合就可能成为缺点。

小D在规定时间内完成作业和准备工作，稍有不耐烦就催促朋友快一点儿，这两个场景虽然不同，但都反映了小D什么事都想尽快完成的个性。

优点和缺点是相连的

我在与孩子讨论缺点的时候，会借用棍子的比喻。优点和缺点，就像棍子的两端，是连在一起的。

虽然大家经常将优点和缺点比喻成正面和反面，但是反面这个词语有一些消极的感觉。棍子的两端这个比喻能让孩子更清楚地明白优点和缺点是连在一起的。

为了让孩子更能明确优点和缺点之间的联系，首先可以让孩子说一说自己或者家人的优缺点。

我儿子曾经苦恼过："有的时候我希望某人能停止做某事，但为什么我就是不能好好把'别做了'说出口呢？"

于是，我说："妈妈无论多么忙，都会在晚上7点左右准备好晚餐，对吧？什么事情都能遵守时间完成，这是妈妈的优点。但是如果一直盯着妈妈的优点，就会发现因为妈妈什么事情都想要按照时间进度表完成，所以有时会比较急性子。也就是说，优点也连着缺点。姐姐的优点是做什么事情都很集中注意力，但是再往深了想，因为过于集中注意力而忘记别的事情，这是姐姐的缺点。"

儿子表示认同。我们继续思考。

"你非常温柔，而且是妈妈模仿不出的温柔，这是你的优点。但如果继续往深了想的话，你就是因为太温柔，所以才无法对别人说出'别做了'这样的话。"

也许我对儿子个性的解释是错误的，他无法说出"别做了"并不是因为温柔，而是因为比较胆小。但是家长对自家孩子个性的理解可以模糊一些。孩子不断成长，个性也会发生变化。而且，哪怕是自家的孩子，他也是一个个体，不是家长能简单看透的。

作为家长，最重要的是要认识到正因为孩子有这样的个性，所以有的场合下它可能是优点，也可能是缺点。无论孩子如何呈现这一个性，他都是无可替代的宝贝，因此，家长要努力去理解孩子的个性。

为了理解孩子的个性，家长平时不应只看到孩子的缺点，要好好关注孩子。不要被自己想象中"理想好孩子"的形象所局限，要相信孩子，这很重要，虽然也很难。

我儿子出生不久，女儿就开始吃醋，我有段时间就只看到了女儿的缺点。于是我向丈夫抱怨，但是他说"请相信我们的孩子"，我猛然清醒。我开始关注、思考为什么女儿的缺点被放大，这个缺点其实也可以转化为她的优点。

优点和缺点是相连的。当孩子认同这一点后，请告诉孩子："优点和缺点是相连的，不用在意。但是，如果想要改正缺点的话，你可以来找我聊聊，我很支持你。"然后鼓励孩子自己思考和决定是否要改正。

如果孩子努力思考后说出"好的，我要改正"的话，家长也一定想让孩子对自己的意见负起责任。那么，你可以鼓励孩子，并且确认孩子是否能负起责任："妈妈一定会全力支持你。但是妈妈能做的也只是支持而已。实际努力的还是你。你能行吗？"

从爷爷奶奶的视角来看孩子

教育孩子是很累的。看到孩子的缺点会心情烦躁。

这时候，我推荐大家尝试一下用爷爷奶奶的视角来看待孩子。

爷爷奶奶经常会说："这真是个好孩子呀。有这样的孩子，你真的很幸福。孩子小时候虽然有点儿难带，但现在是最可爱的时候，你要珍惜。"正因为他们与孙辈有一定的年龄差距，而且又是过来人，所以这些都是他们的经验之谈。

可能家长会质疑："现在孩子是最可爱的时候？"但是育儿经验丰富的前辈都这样说了，家长们也请多多借助前辈们的智慧，从这样的视角来关注孩子吧！

当家长因为孩子不听话而筋疲力尽，直呼想要自己的时间的时候，可以把自己想象成爷爷奶奶，稍微换个视角来看这件事。然后也许你就会觉得能与孩子这么亲密地生活的机会，可能只有现在了。

孩子玩耍的时候，与孩子一起走在路上的时候……如果从爷爷奶奶的视角来看，你可能会有新的发现，比如孩子还这么小，孩子长这么大了，孩子这么努力地生活着，孩子这么依赖我，等等。

第 6 章

每天的日常对话，
可以让孩子发生这样的改变

我们家孩子就知道看电视和玩游戏，不会出事儿吧……
你有过这样的担心吗？

很多家长看到孩子沉迷于电视和游戏都会很担心。

当然，孩子电视看多了，游戏玩多了，这都是不好的。但是，只要认真规定了时间和内容，然后家长下一番功夫的话，这都足以成为锻炼孩子思考能力的"养分"。

比如，在看电视节目的时候进行亲子对话，这可以锻炼孩子的逻辑思维、想象力和表达能力。

另外，可以给孩子布置一个关于游戏的作业，让孩子跟爷爷奶奶解释清楚这是一款怎样的游戏，这可以锻炼孩子的描述能力。有些学校不太会教授孩子的描述能力，但是这是表达能力很重要的一部分。表达是建立在会思考的基础上的。

孩子介绍自己喜爱的事物时总是滔滔不绝，他们对这些东西的喜爱可以达到让你吃惊的程度。描述游戏，讨论电视节目，这些都是反向"利用"了孩子对于游戏和电视怎么说都不腻的心理。

在之前的章节中，我们围绕关于孩子的一些棘手场景展开了讨论。这一章，我主要想与大家探讨"快乐思考、快乐表达"。通过快乐思考、快乐表达，可以提升孩子的思考能力。

我将涉及"畅谈梦想""为了不迟到，倒推时间""深入谈论电视剧或电影""描述喜欢的游戏""简明扼要地汇报重要事项""提高比较能力"这六个场景。

接下来我们就聊聊如何在以上这些场景下提问。

畅谈梦想

光是听孩子聊梦想就觉得很开心。但机会难得，不要光聊梦想，再试着将梦想与孩子联系在一起进一步思考吧！

"长大以后，你想做什么？"

当询问孩子梦想的时候，大多数情况下，可以省略"帮助思考的3个步骤"中的步骤1，从步骤2（形成一个初步意见）开始，可以先问孩子："你长大以后想做什么？"

有必要进行步骤1（理解）的情况，就是当孩子对于职业内容还不了解的时候。比如，虽然孩子说想当糕点师，但并不知道糕点师是一份怎样的工作，那么你可以先说："你竟然知道这么厉害的工作！但你知道糕点师具体是做什么的吗？可以告诉我吗？"先接受孩子的想法，然后通过提问来确认孩子是否理解了这个词的意思。

从父母的角度来看，可能孩子说的梦想只是空谈。

比如"想建造宇宙电梯""和外星人踢足球"这类梦想。
宇宙电梯可能真是做梦，就即便是未来可能实现，但和外
星人踢足球简直是天方夜谭……你可能会这么想，但是在
聊梦想的时候，请你打破固定思维，沉浸在孩子幻想的图
景中。梦想就是要自由畅想才有意义。

"为什么想做……"

接着问孩子为什么未来想做这份工作。只要不是
"我不知道"这种回答，什么理由都行。如果孩子的理
由是"总觉得这份工作很好"这种比较模糊的理由，那
你可以问"总觉得"是一种什么样的感觉，让孩子将其
具体化。

假设孩子说："想当老板。因为当了老板就可以成
为有钱人。"你是不是想问孩子能不能再有高度点儿？
但是无论怎样，请先接受孩子的理由。成为有钱人不也
是很实际的愿望吗？当然，如果是有违社会伦理道德的
理由，接受了以后一定要确认孩子是否真的这么想。

对于孩子给出的理由，接着问为什么，不断深挖。

如果理由是想成为有钱人，你就接着问为什么想成为有钱人。也许孩子回答："成为有钱人，就可以让妈妈过上舒适的生活。"

正如我在"深挖理由"中提到的，最理想的情况就是深挖理由，直到明确理由是"信念"或者"事实"的程度。但是当出现"想让妈妈过得舒适一些"这种非常具体的回答时，也可以就此打住。或者，你可以继续追问其他理由，这也是非常有效的。

无论是深挖一个理由，还是列举出尽可能多的理由，这里的关键点不是认真思考，而是充分表达梦想。尽情地表达本就让人激动的梦想，孩子会更加充满激情。

表达了一阵子后，接着进入步骤3（进一步思考有无其他的思考方式）。

"如果梦想实现了，会怎样？"

你可以问孩子："如果那个梦想实现了，会怎样？"哪怕是"很开心"这种很笼统的回答也没事。你就接着问："是嘛，开心呀。梦想实现了，你很开心，那么周围的人会怎样呢？"进而问世界会如何，让预测未来的范围更广。

在我的课堂上，我让孩子们思考梦想。孩子们给出了各种答案：兽医、老师、保护传统文化的人、歌手、足球运动员等。然后我问每个孩子："如果梦想实现了，会怎样？"有的孩子回答道："生病的狗狗和猫猫就会减少，宠物和宠物主人都会开心。"有的孩子说："大家都能开心地参加传统庆典。"也有的孩子说："我国的足球会更强。"答案各种各样。我接着问："那么实现了以后，你的朋友、家人，还有身边的人会怎样呢？"孩子们的回答是"大家都会开心地笑""大家都会元气满满"，等等。最后，我问大家："那么周围的人这样以后，世界会怎样？"大家几乎异口同声地回答："世界会更加和平。"孩子们全都爽朗地笑了起来。

如果梦想变成了现实，世界会变得如何？思考这些，我觉得就是谈论梦想的终极意义。自己的梦想能为世界做贡献，自己也是地球村的一员。光是这么想，就足以充满力量。当梦想受挫时，这份力量可以让孩子们再次振奋起来。

为了不迟到，倒推时间

到校时间、睡觉时间、集合时间、见面时间。孩子在日常生活中经常要面临"几点前做什么事"这样的约定。孩子小的时候，家长可能每次只能说："再不收拾、准备，就要迟到了！"但是孩子上了小学后，可以尝试与孩子一起推算怎样才能不迟到。这样，孩子的计算能力、预估现实的能力、时间规划能力都将得以提升。

> "出门前必须做什么事？"

假设孩子10点要在最近的车站与小A见面。

首先是步骤1，确认事实。确认在出门前必须做哪些准备。

你可以询问孩子出门前必须做什么事，甚至让孩子列出要做的事的清单，以便顺利完成应该要做的事，这也可以培养孩子的独立性。列表中除了有"换衣服""准备好要带的东西"这些必备事项，如果还有像"写作业""换衣服"等事情，也可以加上。这个清单既可以当天写，也可以提前一天写。完成一项就划去一项，表示"完成了"。做个记号，还能让孩子有成就感。

"各个环节要花几分钟？"

接着思考清单上的每一件事要花几分钟。

重要的是准确预估时间。孩子经常会把5分钟能完成的事情预估成1分钟，把1分钟能完成的事情说成是10分钟。如果孩子把换衣服这种1分钟能完成的事情预估成了5分钟，你可以提醒孩子换衣服用不了那么多时间。

有的时候，孩子也不知道1分钟和5分钟究竟有多长。这时候你可以让孩子将其与他熟悉的"时间"进行比较。比如，孩子看的电视节目一般是15分钟一集。3个5分钟加在一起就是15分钟。也就是说，把一集电视节目分成3块，最开始的·块就是5分钟。而刷牙大概花1分钟。

"总共要花几分钟？" "从家到车站要花几分钟？"

估算结束后，把每一块所需要的时间加起来，计算总共要花多少时间准备。孩子如果还不会算数，你可以代劳。如果孩子不擅长计算，可以让孩子在纸上列出来计算。计算之后，你进行检查，别忘了肯定孩子，比如，对孩子说："你太棒了，算得很对！"

接着，问孩子从家到车站要花多久。如果孩子不知道答案，你可以告诉孩子走路的话要花8分钟。

接下来，进入步骤2。

"几点从家出门比较好？" "几点开始收拾比较好？"

首先问孩子几点出门。如果孩子还不会算数，可以用钟表辅助（没有钟表就画一个），你可以问孩子："分针指到这里是10点。一小格是1分钟。从家走到车站需要花8分钟，就是8小格。那么如果想要10点到车站，分针指到哪儿的时候，我们就该出门了呢？"

等得出了几点出门的回答后，再询问孩子："那么几点开始收拾呢？"这是从出门的时刻（刚才已经得出）开始倒推收拾需要的时间。

看到这里，可能有的家长会认为所有的事情不一定如预想的那样顺利推进，所以应该再让时间富余一点儿比较好。但是，最好先不要告诉孩子这个"大人的智慧"。在之后的步骤3中，让孩子自己去思考、去察觉。

"真的这样做了以后，会怎样？"

假设在步骤2后，得出这样一个结论：为了10点能到车站，9点52分要出家门，9点52分出家门的话，9点45分要开始收拾准备。从家到车站的所需时间是8分钟，收拾所需的时间是7分钟，其中换衣服需要3分钟，拿上要带的东西需要3分钟，上厕所需要1分钟。那么你可以问孩子："真的这样做了以后，会怎样？"

也许大部分孩子都会说就不会迟到。那么你可以说："9点45分开始准备以后，突然门铃响了，是快递来了。奶奶寄来的快递。你很想知道是什么东西，所以就拆开看，然后不知不觉间1分钟就过去了。"然后你继续说："9点52分出门，走着走着偶遇了朋友。一聊就是3分钟。"举一些孩子日常生活中可能会发生的意外，问孩子："如果发生了这些情况，还能赶得上吗？"这是为了让孩子意识到意外不知道什么时候会发生，而且步骤2中得出的回答是不包含发生意外的情况的（如果孩子在步骤2已经假定了发生意外的情况，那么就可以跳过步骤3）。

如果孩子意识到刚才的计算结果不现实，你可以建议孩子在每件必须要做的事情所需要的时间上都留出1分钟，或者整体多留出10分钟的富余时间。留出富余时间后，再确定开始收拾的时间和出门的时间。

不过，让孩子按照确定的时间做好每一件事，这本身就很困难。但是单就思考能力而言，我觉得倒推时间是必要的。用现实的眼光思考、计算是一件很棒的事情。到了规定的时间，孩子也没有开始行动的话，家长可以助推孩子一把，说："已经9点30分了，再不开始收拾就来不及了。你好不容易计算出的时间，请按照时间表做呀！"

深入谈论电视剧或电影

思考电视剧或电影的时候，可以充分使用帮助思考的3个步骤。下面，我想向大家介绍4种对话模式：尝试说出印象最深的片段，进一步了解喜欢的人物角色，寻找酿成坏结果的真凶，预测事情的未来走向。每一种对话模式培养的能力都是不同的，你可以同时使用这4种模式，也可以只单独使用一种。

最好是亲子一起观看电视剧或电影。虽然有的家长可能会说没时间，但是只有一起看了，家长才能判断这部电视剧或电影是否适合孩子，也能培养自己的"孩子视角"。我不太喜欢电视剧，但很喜欢跟孩子一起看电视剧。我觉得对于育儿来说，这个场景是不可替代的，一起笑，一起对话，一起思考。

尝试说出印象最深的片段

"最有趣的片段是什么？"

无论是动漫、纪录片、问答节目，还是电影，最有力量的问题就是：最有趣的片段是什么？只能选一个。特别是在感动犹存，刚刚看完的时候就直接问。这个问题也可以运用于刚参加完活动的时候、旅行回来的时候。

"选择最有印象的场景，并陈述理由"，这是一种十分有用的写作方法。特别是对于用"真有趣"就能概括的事情，这种方法能让孩子形成具体意见，"我认为这里最有趣，因为……"通过总结"这里最有趣"，感动的心情就会具象化，并烙印在心里。

除了问最有趣的片段是什么，还可以问最感动的片段是什么，最喜欢的片段是什么，但请大家最好不要问最好的片段是什么。"最好"这个词容易让人联想到正确答案，也会让孩子感到压力，觉得必须要回答别人心中的正确答案。

所以让孩子只选一个"最"，是明智的。如果可以选择多个，孩子就很可能会变成罗列有趣的场景而已。如果只能选择一个，孩子就会拼命思考，是选择最后那个非常感动的画面呢，还是那个很有笑点的场景呢？这对于孩子来说是一个通过努力思考做出取舍的过程。

"你为什么觉得这是最有趣的呢？"

孩子回答后，你可以再问孩子"为什么你觉得这是最有趣的"。"我认为最有趣的场景是什么"这个发言是为了形成最终意见。一开始觉得最有趣的场景是A，但是思考了理由之后，有时又会觉得B更有趣。

当孩子选了最有趣的场景并说出理由之后，家长也可以分享自己认为的最有趣的场景，并认真说明理由。从孩子到家长的顺序，孩子就不容易受到家长影响。但是当孩子无法做出选择的时候，家长可以说："妈妈觉得那个场景有趣。因为……"接着引导孩子："你觉得哪里有趣？"听完孩子的意见后，可以接着肯定孩子："原来你有这样的理解呀，真有趣。"

我们家在一起看了电影之后，一定会相互谈论最有趣的场景，哪怕是只有15分钟的电视节目，如果让我们很感动的话，我们也会相互讨论。女儿觉得是A，儿子是B，我是C……我们的答案几乎不会重合。孩子经常会关注到大人容易忽略的点，谈论起来总是非常开心。

当讨论电影成为习惯后，你也可以了解到孩子的感知方式和成长轨迹，这是一件十分开心的事情。你可以这样与孩子交流："你更喜欢主人公非常温柔的场景，对吧？上次看的电影，你也选择了类似的场景。"你也可以这样跟孩子说："以前你觉得那个场面恐怖，还吓哭了，但是这次却觉得感动了。"这也是孩子思考感知方式、思考成长的好机会。

我接着再介绍3种谈论电视剧或电影的模式。每一种模式都可以用于谈论具有故事情节的电视剧或电影。

进一步了解喜欢的人物角色

通过思考那个人物为什么会做这样的事情，愉快地分析出场人物。要选择孩子喜欢的人物角色（包括妖怪等特殊形象），不然可能无法引起孩子的兴趣。

这种对话模式由5个发问构成。如果是谈论出场人物A，可以遵循这样的流程：（1）A是怎样的人？性格如何？（2）发生了什么事情？（3）A出场的所有场景中你最喜欢哪个？（4）为什么A要这么做？

和孩子一起看了电视剧或电影，家长也了解了内容后，可以省略（1）和（2），只问后面2个问题。

（1）"A是怎样的人？性格如何？"

首先，关于孩子喜欢的人物角色，询问他那个人物角色是怎样的人，性格如何等，可以是"很温柔"这样非常凝练的回答，也可以是"他跑步很快，之前他在接力比赛中赢了所有高年级学生，而且……"这种比较长的回答，怎样都行。

（2）"发生了什么事情？"

通过询问"发生了什么事情"，来确认该角色在该剧中做了什么，把握该剧的整体脉络。因为是孩子喜欢的角色，所以孩子应该知道很多，那就让孩子说个痛快。

汇总（1）和（2）中出现的信息，就能大体把握该人物的整体面貌。

（3）"A出场的所有场景中你最喜欢哪个？"

你可以问孩子A出场的所有场景中他最喜欢哪个。

比如，孩子选择了这个场景："A的朋友去了外国，A很孤单，但是A还是坚强地说自己不孤单。虽然没有去给朋友送行，但是A在自己房间里放声大哭。"

（4）"为什么A要这么做？"

对于（3）中孩子选择的场景，可以问孩子为什么A要这么做。

孩子回答的时候，请提醒孩子要从电视剧或者电影的内容中寻找证据。比如，问孩子为什么A明明非常孤单，但是却没有去为朋友送行，孩子的回答可以是"因为A不能坦率地表达自己的心情"。

孩子不可以在没有证据的情况下仅凭借自己的经验或者想象去回答。比如"因为小A没有那么在乎朋友吧"，根据对于A的整体印象而言，A是非常在乎朋友的，所以这个想法是不成立的。如果发生了这种情况，你可以询问孩子："A是这样的孩子吗？感觉跟我刚才听到的话不一样。为什么A要做这样的事情呢？你能否从剧情里找到证据呀？哪个证据可以证明这点呢？"

其实，这里我们做的事情就像是做语文的阅读理解题。不同之处有两点：一是我们谈论的题材是电视剧或电影；二是比起一般的阅读理解问题，我们更愿意去深入理解人物角色。孩子可以通过喜爱的电视剧或电影，锻炼深入理解的能力和"因为有证据X，所以我们能得出结论Y"这一理清因果关系的能力，即逻辑思维能力。

阅读小说，可以让你体验自己没有经历过的、无法拥有的人生，看电视剧或电影也同样如此。分析人物角色，孩子会发现原来还有这样的人，还有这样的感知方式。这也为理解与自己拥有不同生活方式和感知方式的他人打下了基础。

我们家经常会分析人物角色，孩子们对于能尽情地谈论他们所喜欢的人物感到十分开心，甚至我的女儿还说过"我的想法更开阔了"这样的话。

寻找酿成坏结果的真凶

这种模式只有在家长和孩子共同看电视剧或电影时使用。

比如你们看了这样的剧情：

小A和小B是同班同学，关系非常要好。某天，有一名男生转学到了他们班上，这位男生很聪明，而且足球踢得很好。小A很快与他成了好朋友，而与小B走得就稍微远了一些。小B因为学习和运动都不太好，所以他产生了自卑感。这时候，老师又训斥了小B，说："你再不努力学习就没有前途了。"对此毫不知情的小A在第二天对着小B说："你学习不行啊！"小B十分生气，和小A发生了激烈的争吵……

虽然导火索是小A的一句话，但是引起他们吵架的主要原因却是小A与转校生成为好朋友，小B产生了自卑感。

世间很多事情都正如上述的那样，有各种各样的原因。但是无论是大人，还是小孩，总容易把最近发生的事情认为是唯一的原因。而且，动漫等影像比书籍更有灵动感，当剧情是按照A、B、C、D的顺序展开时，明明A、B、C都是引起D的原因，但却容易给人造成"引起D的原因是刚发生的C"的错觉。

"为什么吵得这么凶了？""仅仅是这个原因吗？"

看完剧，家长可以试着问孩子为什么小A和小B大吵一架。如果孩子说"因为小A说了小B的坏话"，你可以继续问是否仅仅如此，鼓励孩子多寻找一些原因。

通过这个提问，可以培养孩子四种能力。一是逻辑思维能力。通过深入分析导致结果的原因，培养理清因果关系的能力。二是发散思维的能力。通过思考"引起这个结果的原因还有什么"，可以锻炼从各个角度思考的能力。三是深入理解事物的能力。不仅仅停留在事物的表面，而是深入思考事物的本质。四是生存能力。如果通过自己的经历知道了引起一件事的原因不止一个，那么就能更加灵活地解决问题。对于今后将面临各种各样难题的孩子来说，这是生活中很重要的能力。

预测事情的未来走向

有些语文阅读题中有时会故意省略故事的结局，然后附上"你能为这个故事续写结局吗？"这样的问题。

这道题涉及各种能力。理解上述故事的能力，知道人物角色的性格和身份是什么，此前的故事经过是什么，时代背景是什么，故事发生的场所是什么。还有得出未来走向的逻辑思维能力和想象力。这道题以孩子喜欢的故事为题材，锻炼孩子的理解能力、逻辑思维能力和想象力。

在家里，大家也可以进行相同的训练，而且还可以以孩子十分喜欢的电视剧或电影为题材。

只要是有想象空间的，什么题材都行。连载的动漫节目、只看了一半的动画片等。如果家长与孩子一同观看的话，请试一试这一对话模式。

"最后会怎样？""为什么？"

先问孩子最后会怎样。如果最后孩子说小A和小B会重归于好，那就接着问为什么。

只要孩子能以之前的故事为基础，说明理由，比如"因为他们互相是信任和喜欢的"即可。但如果是完全与之前的故事情节不搭边的理由，比如"使用魔法让他们重归于好"，或者是"如果这两个人不和好，那故事无法继续"，这样的理由是不行的（虽然我个人挺喜欢这种回答）。对于这种理由，可以戏谑地问孩子："啥？！这是咱能实现的吗？"或者给孩子一些线索。

孩子有时会说出大人意想不到的后续。但只要这个后续是基于之前的故事设定的，那么家长就应该接受。即使是有违道德的后续，家长也可以先接受，然后再询问孩子："是嘛……可是这样真的好吗？"

我不建议大家为了让孩子有逻辑地思考，就跟孩子说"再复盘一下之前的话""再思考一下主角是怎样的性格"这样的话。这样说太像是在学习了，孩子也许会反感。家长只要让孩子意识到不能没来由地随意空想就可以了。

如果孩子喜欢写故事，那也可以让孩子把后续编写出来。给孩子半个小时，孩子也许会写出让你惊讶的长篇故事。我曾经在我的"思考课堂"上让孩子观看了5分钟电影后，就开始让他们自己编写后续故事。最后，班上有一个孩子写出了推理小说风格，一个孩子写出了科幻小说风格，一个孩子写出了成长故事风格……虽然每个孩子的写作风格各异，但都是基于最开始的5分钟内容所编写出来的。让孩子把编写的后续念出来，并表达自己的感想，这样既可以肯定孩子努力写出的作品，家长也能十分开心。

接下来，我为大家介绍一些与此前介绍的方法稍有不同的思考能力训练法，无须使用"帮助思考的3个步骤"。

描述喜欢的游戏

跟爷爷奶奶讲解游戏

孩子可以跟不了解该款游戏的爷爷奶奶讲解这是一款怎样的游戏。这是让游戏在培养思考能力中发挥作用的最好的一种方式。也不一定是爷爷奶奶，只要是对该游戏不熟悉的人即可，比如妈妈也可以。孩子通过思考如何在不给听众看实物的情况下简明易懂地介绍自己喜欢的游戏，可以提高孩子的描述能力。除了电子游戏，孩子也可以描述其他喜欢做的事情。

描述能力是表达能力中很重要的一部分，也是演讲的必备技能。现在虽然大家可以很方便地使用照片和影像资料，但是世界一流的演讲者在关键时候并不会依赖照片或影像，而是用语言来描述事物。用语言描述更能俘获听众。但是，遗憾的是描述能力不是一朝一夕练就的。要从孩子小时候就开始练习，让孩子在轻松的氛围中自然习得这一能力。

描述，就是仅通过语言就让对方清楚地想象出一个东西。终极目标就是让听众觉得自己了解这种事物了，大概有印象了。站在对方的立场思考是不可或缺的，但是孩子大概无法一下子明白什么叫站在对方的立场思考，所以，你可以说"试着向爷爷奶奶或者妈妈描述一下"。

为了让听众理解，就要用听众易懂的语言和顺序来表达。像"在这一关失败的话就会损失生命值"这样的语言是不行的。如果听众是熟悉游戏的孩子，那么"第几关"（游戏内的场景）和"生命值"（游戏中的状态）这样的词是说得通的，但是对于完全不懂游戏的爷爷奶奶来说，这些词是令人费解的。

描述的顺序应该是先描述重要性高的信息，再描述重要性低的信息，这样听众更容易想象。重要性最高的信息应该就是"定义"，比如对于智能手机，可以从能上网的手机开始描述。然后再是第二重要的信息、第三重要的信息，按照重要性顺序进行描述。

如果不能站在对方的立场思考，不能按照信息的重要程度排序，就不能很好地进行描述。描述游戏其实也是对于思考能力的一种训练。

"请用一句话描述这是一款怎样的游戏"

在孩子小的时候，让孩子用一句话描述游戏，这是一道非常有效的题目。通过一句话描述，可以训练孩子的信息归纳能力。

我曾经让儿子用一句话概括他最喜欢的游戏，结果他非常得意地说："这是现在最受欢迎的游戏！"虽然这个回答非常草率，但这也是一种定义。

接下来我介绍的是，我们家孩子对于"Tsumtsum"这款游戏的描述，假设听众是完全不了解这款游戏的奶奶。

①"Tsumtsum"是一款将3个以上圆脸的小人儿连在一起消除的游戏。

②小人儿都是卡通人物角色，总共有60种。

③这个游戏的最终目的是尽可能多地挣积分。

④玩法是让各式各样的50个小人儿像倾倒桶里的水一样一口气落到地上。游戏者用手指将3个以上相同种类的小人儿划在一起，小人儿就会消失，游戏者就

得到了积分。

⑤每一个小人儿就叫作一个"Tsum"。

描述的顺序是：①定义，②补充定义，③目的，④玩法，⑤补充信息（预计奶奶会问"为什么叫作Tsumtsum"这个问题，所以加入了这个信息）。游戏的描述遵循这样一个顺序就行，但是请千万注意，不要直接告诉孩子顺序，比如，先从定义开始，接着……重要的是，孩子在脑海里浮现出奶奶的画面，并意识到这样说奶奶肯定能听懂。

当然，孩子光凭自己可能很难干脆利落地进行描述，家长可以通过提问来帮忙，提问方法有两个。一个是对照刚才提及的从①到⑤的顺序，让孩子先进行描述，然后比照着顺序，若有不同的地方，可以及时指出。

另一个方法是以孩子的描述内容为基础，家长试着画出游戏示意图。家长可以在脑海中想象，也可以一边听孩子的描述，一边画在纸上。孩子看到家长画的示意图，就能判断自己描述得是否合适，也会享受这个过程。

刚才关于"Tsumtsum"这款游戏的描述，是我们家两个孩子商量了大概30分钟才得出的结论。最开始他们给出的定义是消除人脸的游戏，我就嘟囔道："你们突然说消除人脸的游戏，奶奶怕是听不懂的。可能会纳闷儿，这是个无脸怪吗？"

如果孩子还有余力，还可以试着这样问孩子："怎样描述才能让奶奶也有想玩一玩这款游戏的冲动呢？思考一下这款游戏最有魅力的地方是什么？为什么呢？"这里的技巧与"请说出印象最深的地方"一样。

简明扼要地汇报重要事项

"这次家庭手工课上要做一个收纳盒。我今天想了想它的设计，是绣一朵小花呢，还是一只小猫呢？我非常犹豫，最后还是决定绣一只小猫。我打算用毛毡做，毛毡是黄色的，那么用绿色的线应该不错。所以我选了毛毡，老师就让我下周把毛毡带去。"你是否听过孩子类似的说话方式。本以为是孩子的碎碎念，所以就没怎么花心思去聆听，结果最后孩子来了一句"下周要把毛

毡带去"这种十分重要的通知事项，而且也没说明毛毡
需要多大。

虽说听孩子跟你絮絮叨叨这一天发生了什么是一件
挺快乐的事情，但如果孩子不能将重要信息与零碎信息
区分开来，有时会给我们家长带来困扰。

如果仅仅是轻松的闲聊，那么什么时候说结论，这
都是说话者的自由。但是在汇报重要的事情的时候，这
是不可行的。为了让听众真的听进结论，应该在讲话最
开始的时候给出结论。因为你不知道听众何时离场，也
不知道自己什么时候说着说着可能就跑题了。

把结论放在最开头说，最好在孩子小时候就开始训
练这一习惯。这也是我长年指导大学生和社会人士得出
的经验，因为成人以后再去改掉结论最后说的习惯，是
一件十分吃力的事情。

接下来，我就为大家介绍一个能帮助孩子养成先说
结论这一习惯的趣味训练法。我将这个游戏一样的训练
法命名为"手机快没电啦"。

假设家长与孩子在用手机通话，可以坐在桌前，也
可以一边走路，一边通话。无须真的打电话，借用手机

这个小道具模拟，营造出在打电话的氛围即可。

然后让孩子说出必须向家长转告的信息。你可以问刚放学回家的孩子："老师有没有什么让你们向家长转达的事情？"如果孩子说有，那么这个游戏就开始了。你先说："那我们打电话转达吧！"然后进入游戏环节。

家长与孩子间的对话可能是这种感觉：

家长："喂……"

孩子："喂，那个……"（家长在这里打断孩子）

家长："啊，抱歉！手机快没电了，听不了你讲太多，先告诉我最重要的事情，就说一句话。再不快一点儿通话就要断了！"

给孩子一句话的限制，把孩子"逼上绝境"，让孩子只能简明扼要地说明结论。如果家长能逼真地演出电话要断了的场景，孩子也会跟上你的节奏。

如果孩子一下得不出结论的话，家长可以通过提问来引导孩子："先不管别的事情，你想想有没有什么事情是如果你不告诉我，就会发生严重后果的，比如被老师训斥，或者给别人添麻烦，或者让你自己很困扰。"

如果实际的传达内容比较枯燥，那么也可以试着编造一些事情。我曾经常与我的女儿模拟这样一个场景。

"本周日晚上打算和奶奶一起去吃饭。订了A餐厅7点30分的座位，集合时间是7点20分，集合地点是B车站的检票口。奶奶不知道集合时间、集合地点等信息。那我们现在假设要给奶奶打电话，但是奶奶的手机快要没电了。奶奶让你用一句话告诉要点，你会怎么做？"

最开始的时候，我会插话提示女儿："你必须要告诉奶奶的信息是什么？仅告诉集合的时间和地点就可以吗？试着想想奶奶的心情。奶奶会不会也想知道去吃一个怎样的餐厅？因为餐厅不同，也许奶奶要搭配的服装也会变化。"女儿似乎十分喜欢这个游戏。

提高比较能力

最后要介绍的是在零碎时间里可以与孩子玩的小问答。"这个与这个，有什么共同点？"

杯子和椅子，铅笔和糖，两个布娃娃……什么都行。不管它们之间有无共通项，抓到什么，眼前看到什么，就指出两个，问孩子："这个与这个，有什么共同点？"

这个问答的要点就在于，找出乍一看毫不搭边的两件物件之间的共同点，然后循着"只有这个共同点吗？"展开思考，灵活思考。

比如，杯子和椅子的共同点是：都是人使用的东西，都是买来的东西，都是每天要用的东西，长度都比宽度大，等等。如果孩子想不出共同点，你也可以提示孩子："还有很多，比如它们都是家里的东西。"让孩子知道这种回答也是可取的，孩子便能放心地给出更多回答。

将多样东西进行比较，寻找共同点，这是一个很重要的技能。可以培养孩子的分类能力，有时甚至也会成为孩子的生存能力之一。

前不久，一位在火山喷发中奇迹般幸存下来的男性在接受采访时这样说道（遣词造句可能稍有不同，但大体是这个内容）：

"火山灰如潮水般涌来，我当下就觉得肯定完了，无法呼吸了。然后我就迅速想起了雪崩。我听说过遭遇雪崩时，可以用两手做成碗状捂在嘴边，创造出一个能保证呼吸的空间。我想着火山喷发和雪崩是一个道理，于是我也这样做了，用两只手给自己搭了一个呼吸的空间。"

这位男性找到了火山喷发和雪崩的相似之处，拯救了自己的性命。

我们家一旦有零碎时间，就肯定会玩这个问答的接龙。孩子们自己也会问它们有什么相同之处。接龙本身与思考能力没有直接关系，但是思考能力的承载物是语言，而这个问答的接龙可以增加孩子们的词汇量。跟孩子们一起琢磨用什么语言是一件开心的事情，而且这也是让孩子们接收新鲜词汇的好机会。

上述就是我想为大家介绍的我们家最推荐的几个快

乐思考的方法。当然我们家也不是从早到晚都见缝插针地玩这些游戏的。大家可以在闲暇的时候，以开心一下的轻松心情，从容易开展的游戏开始。

开心地学习，才能学进心里。这是我在20多年的教师生涯中一直奉行的信条。

写在最后

"妈妈不喜欢这样。"

"大家都没这样做。所以你也别这样。"

"做出这种事，真的挺羞耻。"

这是家长在训斥孩子时会脱口而出的话，大家是不是也在哪里听过这些台词？我觉察到我曾经也对孩子说过这类话。

我曾经也觉得家长不应该这样说。如果我是孩子，我可能会反驳道："妈妈，你不能凭借自己的喜好说我可以做这个，不能做那个。你也不知道大家都在做或是都没做，你觉得羞耻，但是我并不觉得呀，我不接受被你强加意见……"

从前我觉得这样的训斥方式简直是无理取闹。但是，我现在并不这样认为。为什么不喜欢这样？为什么觉得大家都不会做？为什么觉得羞耻？家长如果好好思考这些问题，并认真表达的话，孩子应该是能听进去的。我认为，家长和孩子如果能进一步多多思考、多多交流的话，应该能更加享受这种亲子关系。

和孩子一起思考，是我一直与我的孩子在做的事情。孩子的"思考课堂"自创立以来，今年已经是第四年了，它的部分素材得益于我在大学教了20年的"思考"相关课程，但是最大的素材还是来源于家庭。

与孩子一起思考有什么好处呢？

好处有很多，但是最大的好处，我认为还是能感受到幸福。

让人忍俊不禁的意见、满是温柔的意见、探求本质的思考、催人觉醒的提问、大人无法模仿的想象力……听到孩子奇妙的想法，总让我感到幸福——无可比拟的幸福。

接下来，轮到大家来体验这种幸福了。请与孩子在家里尽情地思考、交谈吧！

写这本书的时候，我得到了许多人的理解和配合，收获了诸多宝贵的意见。借此机会，我想向一直关心和帮助我举办"提升孩子思考能力"相关活动的人们表示由衷的感谢，谢谢你们。

我也想向我的"思考课堂"的孩子们，向我们家孩子表示感谢。与你们一起欢笑着进行各种思考的时间真的很珍贵。遇见你们真好，谢谢你们。

狩野未希

图书在版编目（CIP）数据

怎么说，孩子才会思考 / （日）狩野未希著；朱曼
青译. -- 成都：四川科学技术出版社，2023.3
ISBN 978-7-5727-0912-8

Ⅰ. ①怎… Ⅱ. ①狩…②朱… Ⅲ. ①儿童教育－家
庭教育 Ⅳ. ①G782

中国版本图书馆CIP数据核字（2023）第040817号

著作权合同登记图进字21-2021-368号

怎么说，孩子才会思考
ZENME SHUO, HAIZI CAI HUI SIKAO

著　　者	〔日〕狩野未希	
译　　者	朱曼青	

出 品 人	程佳月
责 任 编 辑	江红丽
助 理 编 辑	潘　甜
封 面 设 计	沐云书籍设计
责 任 出 版	欧晓春
出 版 发 行	四川科学技术出版社
	地址　成都市锦江区三色路238号　邮政编码　610023
	官方微博　http://weibo.com/sckjcbs
	官方微信公众号　sckjcbs
	传真　028-86361756
成 品 尺 寸	125mm × 185mm
印　　张	6.25
字　　数	125千
印　　刷	四川华龙印务有限公司
版　　次	2023年3月第1版
印　　次	2023年3月第1次印刷
定　　价	48.00元

ISBN 978-7-5727-0912-8

邮　　购	成都市锦江区三色路238号新华之星A座25层　邮政编码：610023
电　　话	028-86361770